Ferdinand Buisson

Leçons de Morale

LIBRAIRIE HACHETTE
79, Boulevard Saint-Germain, Paris

Leçons
de
Morale

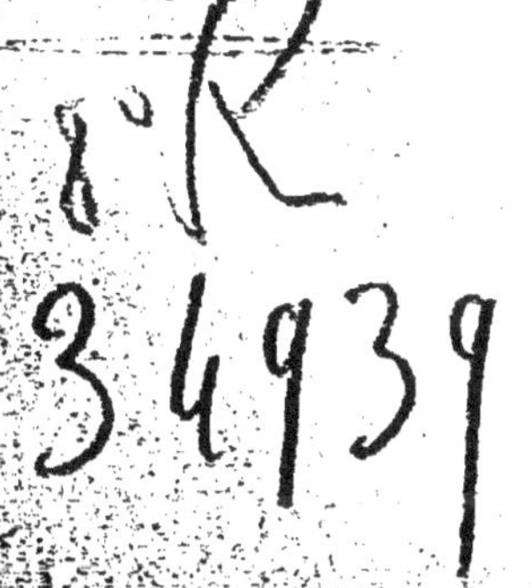

Ferdinand Buisson

Leçons de Morale

à l'usage de l'Enseignement Primaire

LIBRAIRIE HACHETTE
79, Boulevard Saint-Germain, Paris

PRÉFACE

Mes chers enfants,

C'est pour vous que j'ai écrit ce petit livre.

Est-ce un livre savant? — Non.

Ce qu'il contient de meilleur vient de vous : ce sont les réponses des élèves du Cours Élémentaire, du Cours Moyen, du Cours Supérieur.

Petits et grands, vérifiez vous-mêmes si j'ai fidèlement rapporté votre langage.

A mainte reprise, l'instituteur ou l'institutrice vous a interrogés sur une de vos actions. « Est-elle *bonne* ou *mauvaise*? Est-ce *bien*, est-ce *mal* d'agir ainsi? » Jamais vous n'avez hésité. Vous avez tous et toujours répondu avec assurance : « Ceci est *bien*, cela est *mal*. »

Et comment le savez-vous? A qui êtes-vous allés le demander?

Vous n'avez eu qu'à y penser, tout seuls. Et aussitôt vous avez *vu* — je dis : vu avec une clarté éblouissante — où est le *bien*, où est le *mal*.

Qui est-ce qui vous l'a dit? — Votre conscience.

La conscience est un guide infaillible que chacun de vous a en lui-même. C'est comme une voix intérieure que personne n'entend, excepté vous. Mais si vous l'écoutez, si vous lui obéissez, vous êtes sûrs de faire toujours votre devoir.

Vous demanderez peut-être pourquoi je confie ces pages aux institutrices et aux instituteurs qui s'occupent de votre éducation.

C'est qu'ils vous voient de près tous les jours. Ils savent mieux que moi comment on peut causer avec vous, amicalement, familièrement.

En terminant, je fais deux souhaits.

Le premier s'adresse à vos maîtres.

Je désire que beaucoup d'entre eux trouvent dans ce petit livre l'occasion et la matière de nombreuses conversations avec les élèves. Heureux de répondre à vos questions, vous ayant aidés pour toute la vie à bien penser et à bien agir, ils auront la joie d'avoir formé pour la France républicaine des générations dignes d'elle.

Mon second vœu s'adresse à vous tous, mes chers enfants.

Je désire que vous répétiez à vos parents tout ce qui vous aura été dit. Nul témoignage n'est plus précieux.

Racontez à votre mère, racontez à votre père ce qu'on vous a fait apprendre à l'école. Redites-leur ce qui vous aura le plus frappé. C'est le meilleur moyen de leur faire connaître la morale qui vous y est enseignée. Et vous verrez s'ils l'aimeront !

F. BUISSON.

PLAN GÉNÉRAL DE L'OUVRAGE

Indication donnée pour le maître.

LEÇONS DE MORALE

PREMIÈRE LEÇON

Le bien et le mal. (*Dans la vie des enfants.*)

Cours élémentaire. — Je m'adresse aux petits. J'ai quelque chose à leur demander.

C'était pendant la récréation, dans une grande école, loin d'ici. Deux enfants se disputaient pour une partie de billes : un grand et un petit. A la fin, le grand se jette sur le petit, le frappe, le maltraite, lui donne coups de pieds et coups de poings. Le petit s'en va en pleurant. Que pensez-vous du grand? A-t-il bien fait?

(*Provoquer des réponses. Interroger personnellement chaque élève. Constater l'unanimité.*)

Ainsi vous êtes tous du même avis : il a *mal* fait.

Le lendemain, il se préparait à recommencer. Le petit tremblait. Survient un troisième élève qui, sans être aussi fort que le grand, n'hésite pas à prendre la défense du petit, au risque de recevoir des coups. Il en reçoit, en effet; mais il ne recule pas. Il tient tête au méchant garçon et l'empêche de battre le plus faible.

Que pensez-vous de ce troisième enfant? A-t-il *bien* fait?

Vous dites qu'il a *bien* fait. Mais n'a-t-il pas été imprudent? Il s'est exposé à être frappé lui-même. N'aurait-il pas pu rester tranquille, ne pas se mêler de l'affaire?

Je constate que, tous, vous lui donnez raison.

Cours moyen. — Écoutez l'histoire de Louis et de Pierre.

1. Louis avait des billes, il les a perdues. Il n'en a plus une seule en poche, et pas d'argent pour en acheter. Heureu-

sement, il a remarqué que Pierre, qui en a beaucoup, en a laissé par mégarde une dizaine dans un coin un peu obscur du préau où l'on jouait tout à l'heure. Pierre jouait avec tant d'ardeur qu'il les a oubliées; la cloche a sonné, il n'a pas eu le temps d'aller les chercher.

Que fait Louis? A la sortie de la classe, il profite de la bousculade pour se glisser vers le coin sombre. Les billes y sont. Il les ramasse, les met prestement dans sa poche. Personne n'a rien vu. Il part, joliment content. Voilà une bonne affaire. Qu'en pensez-vous?

Vous dites qu'il a *mal* fait. Mais je vous ai bien dit que personne ne l'avait vu. Il n'a donc rien à craindre.

C'est égal, dites-vous tous, il a *mal* fait. Je continue.

2. Le lendemain matin, voilà Pierre qui arrive en classe. Il s'est souvenu de ses billes. Il va droit au préau, à l'angle où il avait joué. Il cherche, cherche. Il ne trouve rien. Il demande à ses camarades : « N'avez-vous pas vu mes billes que j'ai oubliées là? » Par hasard, il voit passer Louis : « Ne les as-tu pas vues, toi, qui étais à côté de nous? — Vu quoi? répond Louis. — Mes billes. » A cette question, Louis eut bien un petit coup au cœur, mais il ne se laisse pas troubler : « Non, répond-il d'un air indifférent : est-ce que je m'occupe de tes billes? » Pierre n'insiste pas. Louis s'en va tranquille.

J'entends plusieurs qui crient : « Il a menti, c'est *mal*. » Mais d'autres pensent peut-être que ce pauvre Louis ne pouvait plus faire autrement. Qu'en pensez-vous? Levez la main, ceux qui lui donnent raison. Personne! Allons, cette fois encore, la classe est unanime. Poursuivons.

3. La nuit a passé là-dessus. Une mauvaise nuit pour Louis. Il ne pouvait pas dormir. Il lui semblait entendre une voix qui lui criait : « Menteur! menteur! » Il ne s'est calmé qu'après avoir pris une grande résolution, qui lui a terriblement coûté, mais enfin, il l'a prise.

Le voilà qui arrive à l'école avant la classe. Il guette Pierre. Et sitôt qu'il le voit, il court à lui : « Tiens, Pierre, voilà tes billes. Pardon, je les avais prises. J'aime mieux te le dire. »

Jugez comme cet aveu a dû lui être pénible! Quelle humiliation! Quelle honte! Qu'en pensez-vous?

Toute la classe crie : Il a *bien* fait! Il a *bien* fait!

Pourtant, — personne ne le forçait. Pierre lui-même ne le soupçonnait pas. — C'est égal : il a *bien* fait d'avouer sa faute.

Cours supérieur. — Vous l'avez vu : J'ai interrogé les élèves — même les plus jeunes — sur plusieurs actions. Je leur ai demandé ce qu'ils en pensaient, laissant chacun absolument libre de répondre comme il voudrait, et ils ont tous, tous, répondu de la même manière. Ils se sont trouvés d'accord, même les plus petits, pour dire sans hésiter : « Ceci est *bien*, cela est *mal*. »

Ainsi, voilà des enfants qui distinguent le bien et le mal aussi aisément que le blanc et le noir, que le jour et la nuit. Ils ne se trompent pas, ils ne tâtonnent pas.

Quelle différence avec les autres objets de vos études ! S'agit-il de grammaire, d'orthographe, de calcul, d'histoire ? Ils se trompent souvent. Il faut répéter bien des fois la même leçon. Et bien des fois l'élève répond de travers.

Au contraire, pour cette chose capitale d'où dépend votre vie, vous y voyez clair du premier coup ! Vous n'avez aucun effort à faire pour prendre parti ! Et vous avez tous, sans vous être entendus auparavant, la même manière de juger !

Pensez-y, enfants. Le petit qui ne sait pas encore lire sait distinguer le *bien* du *mal*. Il ne faut pas pour cela des études longues, compliquées, difficiles. Il suffit de rentrer en soi-même. Le *bien* apparaît à votre esprit avec la même lumière éclatante, éblouissante, irrésistible que le soleil à vos yeux.

RÉSUMÉ

1. L'enfant peut agir *bien* ou *mal*.

2. L'enfant peut toujours discerner (distinguer) le *bien* du *mal* : il sait toujours si son action est *bonne* ou *mauvaise*.

RÉCITATIONS

1. Le Bien.

Trois enfants, trois amis, s'en allaient à leur classe.
« Si je travaille bien, mon père m'a promis

Dit l'un, un louis d'or. » Le second des amis
Dit : « Je travaillerai pour que maman m'embrasse. »
Le dernier soupira : « Pour moi, je n'aurai rien,
Car je suis orphelin, je n'ai père ni mère ;
Mais je m'efforcerai cependant de bien faire : »
Il faut faire le bien parce que c'est le bien !

Louis RATISBONNE.

2. Deux frères.

Nous allions ensemble à l'école, nous revenions ensemble au logis. Le matin, je portais le panier, parce qu'il était un peu lourd ; c'était lui qui le portait le soir. Toujours nous faisions cause commune. Je ne le laissais point insulter ; et lui, quand j'avais quelque affaire, sans considérer ni la taille, ni le nombre de « nos ennemis », il m'apportait résolument le secours de ses deux petits poings, et je devenais tout à la fois accommodant et redoutable, tant je tremblais qu'il n'attrapât des coups dans la bagarre.

Si j'étais au pain sec, il me gardait la moitié de ses noix et la moitié de sa moitié de pomme. Une fois, il vint à moi en pleurant. Et pourtant il m'apportait un morceau de sucre et un grappillon de raisin. Je m'informai de ce qui le faisait pleurer. « Ah, me dit-il, la soupe était si bonne, mon frère ! »

Louis VEUILLOT, cité par G. MANUEL.

Nouveau livre de morale pratique. (Hachette, éditeur.)

MAXIMES DE LA SEMAINE [1]

1. *Il faut faire le bien parce que c'est le bien.*
2. *Fais ce que dois : advienne que pourra !*
3. *Regarde au dedans de toi : tu verras clair.*
4. *Qui n'a pas horreur du mal n'est pas un homme.*
5. *Ne fais pas toi-même ce qui te déplaît chez les autres.*

[1]. Une maxime par jour de classe.

DEUXIÈME LEÇON.

Le bien et le mal. (*Dans la vie des peuples.*)

Qu'avons-nous constaté l'autre jour?

C'est que même un enfant peut dire tout de suite, avec certitude, si une action est *bonne* ou si elle est *mauvaise*.

Vous vous rappelez, en effet, que tous, interrogés, vous avez, sans hésiter, répondu de la même manière à toutes les questions.

Mais, peut-être, la réponse n'a été si facile que parce que nous avions pris nos exemples dans de petits faits de la vie journalière des écoliers. Peut-être n'en serait-il pas de même si, au lieu de la conduite des enfants, nous examinions celle des hommes, bien plus, celle des peuples que nous connaissons par l'histoire. Essayons.

Premier exemple. — Autrefois, dans le monde entier, les peuples, même civilisés, avaient des *esclaves*.

Tantôt c'étaient des prisonniers de guerre, tantôt des hommes ou des femmes d'une autre race qu'on avait enlevés de force de leur pays ou achetés dans un marché d'esclaves. On trouvait cela tout naturel. En Amérique, il n'y a pas encore cent ans que l'esclavage a été aboli. Il existe encore dans certaines contrées sauvages de l'Afrique.

L'esclave était à peu près considéré et traité comme une bête de somme. Son maître pouvait en disposer à son gré. Il n'avait pas de famille. Sa femme, ses enfants appartenaient, comme lui, au maître. Le maître les faisait travailler sous la menace des coups, il pouvait les maltraiter sans en être empêché ni puni par personne.

Que pensez-vous de l'esclavage?

(*Laisser les élèves répondre très librement, et noter l'accord entre eux pour condamner l'esclavage.*)

En somme, qui d'entre vous voudrait être esclave? Qui voudrait avoir des esclaves pour le servir? — Personne.

Voilà donc une coutume qui a existé pendant de longs

siècles, qui ne révoltait personne, et qui vous semble à tous abominable, inhumaine, inexcusable!

J'ai beau vous dire que de très grands peuples, les Grecs et les Romains par exemple, n'ont jamais songé à supprimer l'esclavage : « C'est égal, dites-vous, ils faisaient *mal* : on n'a pas le droit de traiter ainsi des hommes! »

Deuxième exemple. — Nous voici à Rome, il y a 1800 ans.

Dans un cirque immense, des milliers de spectateurs s'entassent sur les gradins de pierre. L'empereur vient de prendre place dans sa loge décorée de voiles de pourpre. Le spectacle va commencer. Tout en bas, une porte s'ouvre, par où s'avance dans l'arène un groupe d'hommes, de femmes, de jeunes filles. Les voilà seuls dans cette vaste enceinte sous les regards de la multitude. Presque aussitôt, de l'autre bout de l'arène, en face d'eux, s'ouvre une autre porte, d'où s'élancent furieux, des lions et des tigres. Ces bêtes féroces, à qui l'on a rien donné à manger depuis un jour, se jettent sur leur proie. En vain les malheureux s'enfuient en criant. En quelques instants, ils tombent l'un après l'autre sous la griffe et la dent des fauves, qui dévorent leurs membres palpitants.

Ces malheureux sont des chrétiens : c'était le nom d'une secte alors nouvelle et que les empereurs jugeaient dangereuse. On leur avait donné le choix : ou d'aller porter une offrande aux dieux romains, ou de subir le dernier supplice. Chacun d'eux avait répondu : « Je suis chrétien. » Et la foule criait : « Les chrétiens aux lions! »

Vous êtes révoltés, je n'ai pas besoin de vous le demander. Vous admirez les martyrs, et vous avez horreur des scènes sanglantes où se plaisaient les Romains d'autrefois.

Troisième exemple. — Dix ou douze siècles plus tard, nous voici dans une grande ville d'Espagne, d'Italie, de France, de Suisse. Sur la place publique est dressé un énorme bûcher auquel on va mettre le feu. Là aussi il y a foule pour assister au supplice qui va avoir lieu.

On amène un homme, quelquefois plusieurs, qu'un tribunal a condamnés à mort. Leur crime? C'est qu'ils ont d'autres opinions, d'autres croyances que les gens avec qui ils vivent. Tantôt les chrétiens vont brûler les Juifs. Tantôt les catholiques vont brûler les protestants. Tantôt les protestants vont brûler les hérétiques. Tous prétendent punir ceux qui ont l'audace de penser autrement qu'eux, de prier Dieu d'une autre manière, de comprendre autrement les livres saints.

Voilà ce qui s'est fait pendant des siècles. Qu'en pensez-vous? — D'abord, que dites-vous de ceux qui aiment mieux mourir que de renier leur conviction?

(Interroger les élèves et accueillir avec bienveillance toutes les réponses.)

Vous dites qu'ils font *bien*.

Mais si leur conviction est erronée, s'ils se trompent?

— Tant pis, dites-vous : il vaut mieux se tromper que de mentir pour sauver sa vie.

Et les autres, ceux qui veulent forcer un homme à croire ou à faire semblant de croire ce qu'il ne croit pas?

— Ils n'en ont pas le droit, ils font *mal*.

— Mais s'ils sont mille, dix mille contre un, ne leur donnerez-vous pas raison?

— Non. Ils n'ont pas le droit de faire violence à celui qui ne pense pas comme eux.

QUATRIÈME EXEMPLE. — Deux peuples sont voisins l'un de l'autre, un très grand et un tout petit. Le grand a une armée si redoutable qu'il se flatte d'imposer sa volonté au monde entier. L'autre, cent fois inférieur en force militaire, a confiance pourtant, parce que le grand pays a signé, avec tous les autres, une promesse formelle de respecter toujours l'indépendance et la neutralité de son modeste voisin.

Un jour, le grand pays, méditant de se jeter à l'improviste sur une autre grande nation, lance une énorme armée sur le petit pays, en lui disant : « Laisse-moi passer, je surprendrai mon ennemi, et je te récompenserai de ta complaisance ».

Le petit pays répond : « J'ai promis d'être neutre, et je tiens ma promesse : vous ne passerez pas! » L'autre s'étonne qu'on puisse attacher tant de prix à des « chiffons de papier ». Il écrase la petite armée, qui se fait tuer héroïquement en lui barrant le passage. Il ravage atrocement tout le petit pays pour le punir de n'avoir pas voulu manquer à sa parole...

Vous ne me laissez pas finir, vous criez tout d'une voix :
« Vive la Belgique ! » Vous avez compris.

Ainsi, chers enfants, vous qui n'êtes que de petits écoliers dans une école de village, vous reconnaissez le *bien* et
le *mal*, dans la conduite des nations comme dans votre
conduite. Vous voyez d'une manière éclatante la différence
entre le juste et l'injuste, entre ce qui est permis et ce qui
ne l'est pas.

Si le *mal* a été longtemps toléré, admis, admiré même par
des millions d'hommes, vous ne l'en condamnez pas moins,
de toute votre force, en disant simplement : « C'est *mal* ! »

Le maître peut prendre d'autres exemples : L'habitude de
soumettre les accusés à la « question, » c'est-à-dire à la tor-
ture, pour leur faire avouer une faute ou désigner des com-
plices, a subsisté très longtemps, même chez les peuples les
plus civilisés. L'emploi des peines corporelles : exposition au
carcan, marque au fer rouge, etc., a duré, même en France,
jusqu'au siècle dernier. Le droit du seigneur de ravager
le champ de blé du paysan, pour se procurer l'agrément de
la chasse, a provoqué la protestation du peuple dans les
Cahiers de 1789.

RÉSUMÉ

1. Les peuples, comme les hommes peuvent agir *bien* ou *mal*.

2. L'esclavage, la mise à mort et les persécutions pour motif
d'opinion, la violation des engagements consacrés par un traité
sont des actes contraires à la loi du Bien.

MAXIMES DE LA SEMAINE

6. *Il faut croire au Bien, pour pouvoir le faire.*

7. *Votre tribunal est en vous : ne le cherchez pas ailleurs.*

8. *Les hommes naissent et demeurent libres et égaux
en droits.* (Déclaration des droits de l'homme, art. 1er.)

9. *Nul ne doit être inquiété pour ses opinions, même
religieuses.* (Déclaration des droits de l'homme, art. 10.)

10. *Mieux vaut mourir que trahir.*

TROISIÈME LEÇON.

Ce qui est bien, ce qui est mal : comment le sais-tu :

Cours élémentaire. — Vous m'avez dit, l'autre jour, que Louis, en prenant les billes de Pierre, avait *mal* fait, qu'il avait *mal* fait encore en disant qu'il ne les avait pas vues, qu'il avait *bien* fait, au contraire, en avouant sa faute et en la réparant.

Comment le savez-vous ? Qui vous l'a dit ?

Et puis vous m'avez affirmé encore que c'est *mal* d'avoir des esclaves, *mal* de tuer ou de faire souffrir des hommes parce qu'ils ne pensent pas comme nous, *mal* de manquer à sa parole.

Comment le savez-vous ? Qui vous l'a dit ?

Mais ce n'est pas tout. Même quand il s'agit de vous et de vos actes, vous savez toujours juger.

Par exemple, vous voilà rentrés chez vous après la classe. Vous avez goûté. Vous avez pris un bon moment de récréation. Maintenant, avant le souper, vous avez une petite leçon à apprendre ou un petit devoir à écrire. Vous vous y mettez sans entrain. Au bout d'un instant, vous quittez leçon ou cahier pour jouer avec le petit frère, avec le chien, avec le chat. S'il n'y a personne avec qui jouer, vous regardez voler les mouches, vous feuilletez des images, vous allez et venez dans la maison, dans le jardin. Vous flânez.

A ce moment même, supposez que quelqu'un vienne vous interroger : « Est-ce *bien* ou est-ce *mal* de perdre ainsi du temps, de reculer devant un tout petit travail ? » Oseriez-vous répondre : « C'est *bien* » ? — Non, vous chercheriez des excuses, vous diriez n'importe quoi, mais vous ne diriez pas : « J'ai *bien* fait. »

Autre exemple. Voilà une fillette à qui sa maman a demandé un petit service dans le ménage : éplucher des légumes, ou mettre la table, ou essuyer la vaisselle, ou balayer la chambre. La petite a dit : « Oui, maman. » Mais viennent à passer deux de ses compagnes de classe. Adieu légumes, vaisselle ou balai ! Elle lâche tout pour aller avec les autres jouer, causer, rire, s'amuser.

Demandez-lui : « Est-ce *bien* ce que tu fais-là ? » Qu'est-ce qui l'empêche de vous répondre : « Mais oui, c'est *bien*, c'est très *bien* » ? Non, elle ne vous répondra pas cela. Elle aussi, elle cherchera des excuses : « Je vais revenir tout de suite ; je serai encore à temps ; je ne pouvais pas refuser » ; etc.

Je répète donc ma question : comment se fait-il que vous sachiez toujours dire : « Voilà le *bien*, voilà le *mal* », même quand vous vous laissez aller à préférer le *mal* au *bien*.

Est-ce dans un livre que vous avez appris ce qui est *bien*, ce qui est *mal* ? Êtes-vous allés consulter quelqu'un pour vous l'apprendre ?

Cours moyen. — Si l'on vous demandait : « Comment pouvez-vous dire si un objet est froid ou chaud, lourd ou léger, lisse ou rugueux ? » vous diriez qu'il vous a suffi de toucher cet objet. Mais si c'est un objet éloigné, que vous ne puissiez atteindre : une montagne, une tour, un arbre ? Vous saurez encore en dire la forme, la couleur, l'aspect. « C'est, dites-vous, que j'ai des yeux, cela suffit. »

Et de même vous direz : « J'ai des oreilles, c'est ce qui fait que je perçois des sons, bruyants ou faibles, proches ou lointains, graves ou aigus. »

Bref, vous expliquez tout par vos *cinq sens*.

Chacun d'eux vous fait découvrir un ordre de faits produisant un genre spécial de *sensations*. Il y a une *sensation* du goût, de l'odorat, de l'ouïe, de la vue, du toucher. Si vous veniez à perdre un de vos cinq sens, du coup vous perdriez toutes les sensations correspondantes ; c'est-à-dire qu'il y a toute une série de choses que vous sentiez très aisément auparavant et que vous ne sentiriez plus du tout.

Vous pourriez donc répondre à ma question de tout à l'heure : « Il faut croire que nous avons un *sixième sens*, qui est le sens du *bien* et du *mal*. Nous avons cinq sens, plus le *sens moral*. »

Cours supérieur. — Seulement, il y a une différence entre nos cinq sens et celui qu'on appelle le sixième.

Nos cinq sens ont chacun son organe ou son instrument

dans notre corps. Chacun d'eux est « localisé », ce qui veut dire attaché à un lieu, à une partie de notre corps ; la vue est localisée dans les yeux, l'ouïe dans les oreilles, le tou_cher dans les mains, l'odorat dans le nez, le goût dans la bouche.

Le sixième sens, le *sens moral*, n'a pas d'organe corporel. Il est bien vrai qu'il nous fait sentir le *bien* et le *mal* aussi nettement que nos yeux nous font percevoir la lumière ou nos oreilles le son. Mais cela se passe dans notre esprit, dans notre pensée, sans aucun signe matériel extérieur.

C'est pourquoi on a donné à ce sens moral un autre nom. On l'appelle la CONSCIENCE.

Pour les trois cours. — La *conscience*, voilà, mes enfants, ce qui fait connaître à chacun de vous le *bien* et le *mal*.

Si petits que vous soyez, retenez bien ceci : *chacun de vous a une conscience.*

Que personne de vous, même le plus jeune, ne me dise : « Je suis trop petit. » — Mon petit, ta conscience grandira avec toi, mais, dès à présent, elle est à toi et en toi. Elle te parle sans cesse. Les autres ne l'entendront pas, mais toi tu l'entends bien.

Si tu as désobéi à ta mère, si tu as fait en cachette ce qui t'était défendu, même si personne ne l'a vu, ta conscience tout bas te dira que tu as *mal* fait.

Dans les contes de fées — aimez-vous les contes de fées ? — on parle souvent ou d'une lampe merveilleuse, ou de quelque autre appareil magique, un anneau, une bague, un talisman, une pierre précieuse, qui donne le moyen d'accomplir des prodiges, de se transformer et de transformer les autres.

Petit enfant, tu l'as en toi-même, à ta disposition jour et nuit — réelle, et non pas chimérique — cette lampe enchantée que personne ne voit et qui t'éclaire, cette lumière céleste que personne ne pourra jamais te prendre. C'est ta conscience !

Le marin a, pour se guider sur l'océan, une aiguille aimantée qui lui montre toujours le nord : tu l'as aussi, toi, cette boussole infaillible qui t'empêche de t'égarer. C'est ta conscience !

Les contes parlent encore d'hommes sans cesse accompagnés d'un bon génie, d'un protecteur invisible qui les faisait toujours triompher de tout et de tous. Toi non plus, petit enfant, tu n'es jamais seul. Tu l'as sans cesse avec toi, ce bon guide qui te parle tout bas, qui tantôt t'encourage en t'approuvant, tantôt te reproche d'avoir failli et te presse de rentrer dans la bonne voie. C'est la conscience!

Conscience! conscience! instinct sublime! instinct qui n'appartient qu'à l'homme et qui le sépare de tout le monde animal! Instinct qui est à la fois la chose la plus humaine que nous connaissions, puisqu'on la trouve chez tous les hommes, et aussi la chose la plus divine, car de tout temps on l'a nommée avec raison « la voix de Dieu en nous »!

Écoutez-la pieusement, cette voix intérieure, et appliquez-vous de bonne heure à ne jamais lui désobéir.

RÉSUMÉ

1. Toute personne humaine a une conscience.

2. La conscience nous fait connaître et sentir le bien et le mal, comme les cinq sens nous font connaître et sentir les diverses qualités des choses.

3. L'homme agit *bien* toutes les fois qu'il obéit à sa conscience, *mal* s'il lui résiste.

4. Toutes les religions disent que la voix de la conscience est la voix de Dieu dans l'homme.

LECTURE

L'éveil de la conscience morale chez un tout jeune enfant.

J'étais encore un bambin, je n'avais guère plus de quatre ans. Par un beau jour de printemps, mon père m'avait mené par la main à quelque distance de la ferme. Et bientôt il me dit d'y revenir seul.

Sur ma route se trouvait un petit étang. J'aperçus une jolie fleur tout épanouie au bord de l'eau.

En allant pour la cueillir, j'aperçus une petite tortue tachetée qui se chauffait au soleil. Aussitôt je levai mon bâton pour la frapper. Car j'avais vu d'autres enfants s'amuser à détruire des oiseaux, des écureuils et d'autres petits animaux. Et j'avais envie de faire comme eux.

Mais tout à coup quelque chose arrêta mon bras. J'entendis en moi-même une voix claire et forte qui disait : « *Cela est mal.* » Tout surpris de cette puissance inconnue qui, en moi et malgré moi, s'opposait à mon action, je retins mon bâton en l'air.

Je courus à la maison et racontai la chose à ma mère en lui demandant qui donc m'avait dit que c'était mal.

Je la vis essuyer une larme avec son tablier. Et, me prenant dans ses bras, elle me dit : « On appelle cela quelquefois *la conscience.* Si tu l'écoutes et lui obéis, alors elle te parlera toujours plus clairement et te guidera toujours bien. »

Là-dessus elle me quitta, tandis que je continuais de réfléchir autant que peut le faire un petit enfant.

Je puis affirmer qu'aucun événement dans ma vie ne m'a laissé d'impression aussi profonde.

TH. PARKER, écrivain américain.

MAXIMES DE LA SEMAINE

11. *Ne fais pas aux autres ce que tu ne voudrais pas qu'on te fît.*

12. *Fais aux autres ce que tu voudrais qu'ils fissent pour toi.*

13. *Il n'y a qu'un bonheur : le devoir.*

14. *La-conscience ne nous trompe jamais : elle est à l'âme ce que l'instinct est au corps.*

15. *Conscience! conscience! instinct sublime!*

QUATRIÈME LEÇON

Sachant ton devoir, veux-tu le faire?

Mes chers enfants, si le Bien était comme une leçon à apprendre par cœur, que ce serait vite fait! Chacun, pour savoir sa leçon, n'aurait qu'à interroger...

— Sa conscience, vous avez raison. Rien n'est plus facile que de savoir dire ce qui est bien. Mais le DIRE, ce n'est rien du tout. Il faut le FAIRE, et c'est là que la difficulté commence. Le *bien*, c'est ce qu'on *doit* faire. C'est pour cela qu'on l'appelle aussi le *devoir*. Bien agir, c'est faire son devoir. Mal agir, c'est y manquer.

Maintenant, mes enfants, dites-moi franchement ce que vous en pensez : faire ce qu'on doit, est-ce une chose facile ou une chose difficile?

(Il faut absolument que les maîtres amènent les élèves ou du moins plusieurs d'entre eux à répondre, mais à répondre après avoir réfléchi.

Ne vous étonnez pas si plusieurs, étourdiment, répondent : « C'est facile ». Amenez-les peu à peu à convenir que « cela ne va pas tout seul », qu'il faut souvent « se forcer » pour faire son « devoir ». Surtout ne leur donnez pas une réponse toute faite à répéter machinalement.

Ayez une patience infinie : ils n'ont pas l'habitude de ces examens de conscience. Mais, si vous persévérez à les interroger, simplement et sérieusement, ils vous étonneront à leur tour par la justesse de leurs remarques enfantines. Ce sera votre récompense de voir leurs rapides progrès dans cet exercice, tout nouveau pour eux, de « lire en eux-mêmes ». Ils ne répéteront plus des mots, ils vous prouveront qu'ils ont saisi quelques-uns des « faits intérieurs » de leur vie morale qui commence.)

Tâchons de dégager, de tout ce qui vient d'être dit, les idées principales sur lesquelles on est d'accord :

1° Il est facile — nous l'avons déjà vu — de savoir ce qui est *bien*, de connaître son *devoir*.

2° L'accomplissement du devoir provoque chez celui qui la fait un sentiment d'intime satisfaction, chez ceux qui en sont témoins, un sentiment de vive approbation, de sympathie, d'estime. (Exemples : un enfant qui se jette à l'eau pour sauver un camarade qui se noie; un pompier risquant sa vie dans un incendie pour arracher à la mort un malade, un enfant; un soldat mourant pour défendre sa patrie, etc.)

3° La désobéissance au devoir inspire à celui qui a commis cette faute le mécontentement de soi-même, la honte, le remords, et inspire aux autres un mouvement de désapprobation, de blâme et de mépris. (Exemples : le fort qui abuse de sa force, le voleur, le tricheur, le menteur, l'ingrat, le lâche, le traître.)

4° Malgré tout cela, il n'est pas aussi facile de faire son devoir que de le connaître. Pourquoi?

Parce que l'homme n'est pas un pur esprit. Il a un corps. Et ce corps a des besoins qu'il n'est pas possible de supprimer. Si l'homme se laisse aller à ne penser qu'à ces besoins de son corps et aux moyens de les satisfaire, il en devient l'esclave, il oublie et il néglige le meilleur de lui-même.

Notez bien, mes enfants, qu'à tous les âges de la vie, il y aura lutte acharnée entre la conscience qui commande le devoir et certains bas instincts qui s'y refusent. Ces instincts changent avec l'âge, mais chacun, à son heure, paraît très fort, irrésistible.

Voyez le tout petit enfant chez qui la raison est encore extrêmement faible. Il ne peut résister à la tentation de la friandise ou de la confiture. Vous avez été comme lui quand vous aviez trois ans.

La raison a grandi en vous, vous n'avez plus de peine à vous affranchir de cet attrait. Mais, prenez garde, d'autres s'emparent de vous ; l'amour du jeu, la paresse, le laisser-aller, l'insouciance, l'inattention, le plaisir de rêver au lieu de travailler.

Plus tard encore, d'autres amusements, d'autres plaisirs vous attireront, vous captiveront; ils vous feraient oublier le devoir si vous n'y preniez garde.

Et après? — Après, ce sera encore la même chose.

L'homme fait, s'il n'écoutait que ses instincts, ne penserait plus qu'à gagner de l'argent par des moyens que sa conscience réprouve.

Ainsi d'un bout à l'autre de la vie, il y aura lutte. Ne vous imaginez pas que ce sera bientôt fini. Non, vous ne vaincrez aujourd'hui, demain, toujours, que si à tout prix vous voulez vaincre. « C'est un grand combat de faire de soi un honnête homme », disait déjà un philosophe de l'antiquité.

Toute votre vie, sachez-le d'avance, il y aura en quelque sorte deux hommes en vous, et ils se combattront. L'un a des désirs très vifs, très violents, qui lui semblent répondre à des besoins de sa nature ; l'autre oppose à ces désirs passionnés un autre instinct qu'on peut appeler un instinct supérieur. Ce n'est plus un instinct animal, c'est l'instinct humain, celui qui a fait dire que l'homme est « un animal doué de raison ». Or, l'être raisonnable a conscience de quelque chose que l'animal ne connaît pas, ne peut pas connaître : le *devoir*.

Toute la question est de savoir si vous agirez ou à la manière de l'animal, ou à la manière de l'homme. L'animal n'a pour le guider que des instincts, et il ne peut que les suivre. L'homme aussi a des instincts, l'homme aussi a grande envie de leur obéir. Mais sa raison lui fait voir qu'il y a autre chose en lui que ces instincts corporels, qu'il ne doit pas les suivre aveuglément, car, en s'y livrant, il ferait *mal*.

Veut-il faire *mal* pour se procurer un instant de plaisir ? Ou veut-il faire *bien*, quoi qu'il lui en coûte sur le moment, pour avoir la joie de sa conscience ? Il n'y a qu'une manière d'aimer le bien : c'est de le faire.

Homme ou enfant, quel est celui qui fera son devoir ? Est-ce celui qui dit : « Je voudrais le faire » ou : « Je veux bien », ou même : « Je ne demande pas mieux que de le faire » ? Non, c'est celui qui dit tout court : « Je le veux » et qui agit en conséquence ! C'est une question de *volonté*. Nous y reviendrons. Pour aujourd'hui, je vous citerai un exemple raconté par un de nos anciens maîtres.

« Un jour d'été, dit-il, après la classe, mes parents m'avaient permis d'aller passer la fin de l'après-midi chez un camarade, où nous devions nous retrouver sept ou huit écoliers de neuf à douze ans. Quand j'arrivai, un d'entre eux était en train de proposer aux autres, comme partie de plaisir, d'aller dans un verger situé à quelque distance. Il y a là, disait-il, un poirier qui porte de délicieuses poires. C'est assez loin des maisons et assez près du bois pour n'être pas vus : on pourra se régaler sans aucun risque.

« Je vis tout de suite que je ne pourrais pas être de la partie, car je n'avais pas été élevé à voler des poires, pas plus qu'autre chose. Mais, comme je n'avais pas le courage de dire tout haut toute ma pensée, je tâchai de f..ire échouer le projet par d'autres raisons. Je dis que le verger était très loin, qu'il était déjà tard, que nous pourrions bien être surpris, etc.

« Celui qui avait fait la proposition répondit si bien à toutes mes objections, que les camarades inclinaient à lui donner raison, quand survint Eugène. C'était un grand garçon franc et décidé. On le mit au courant. Du premier coup, il dit : « Non, non, on ne peut pas penser à cela. — Pourquoi », lui cria-t-on? J'entends encore sa réponse : « Parce que c'est mal! »

« Il n'eut pas besoin d'insister. Mes mauvaises raisons n'avaient pas été écoutées. Les siennes, contenues dans ce seul mot : « C'est mal », avaient convaincu tout le monde. »

RÉSUMÉ

1. Il ne suffit pas de *savoir* ce qu'est le bien, il faut le *vouloir*.

2. La conscience ne nous dit pas seulement : « Voilà ce qui est bien ». Elle nous dit : « Voilà ce que tu dois faire, sans quoi tu seras coupable. »

3. Le *devoir* est l'autre nom du *Bien*.

LECTURE

(*Lire et expliquer le morceau ci-après. Il y a eu une faute grave. Le maître ne sait pas quel est le coupable. Il ne demande pas aux camarades de le dénoncer. Il va, dit-il, punir toute la*

*classe; — Faire sentir quel effort de volonté il a fallu : 1° aux
élèves innocents pour ne pas dénoncer le coupable; 2° au coupable pour se dénoncer.)*

L'Aveu.

Ne pouvant obtenir l'aveu sincère et prompt
D'un grave et, pour tout mettre, inacceptable affront,
Le professeur punit la classe tout entière,
Sachant qu'en pareil cas, c'est la seule manière
D'atteindre sûrement le coupable entre tous,
« Qu'il se nomme, dit-il, les autres sont absous ! »
Aucun n'a murmuré contre cette injustice,
Et, comme ils n'aimaient pas à faire la police,
Ils gardèrent le silence, usant avec hauteur
Du droit de n'être pas lâchement délateur :
Leur muet dévouement grandit et se résigne.
Le coupable, honteux, en sera-t-il indigne ?
Non, car tout frémissant d'un douloureux émoi,
Très courageux, il dit, en se levant : « C'est moi ! »

AMÉLIE DEWAILLY (Mme Mesureur).

MAXIMES DE LA SEMAINE

16. *La conscience est le meilleur livre de morale que
nous ayons.* (PASCAL.)

17. *Une fantaisie satisfaite ne donne jamais autant de
plaisir qu'une bonne action.*

18. *Fais bien tout ce que tu fais.*

19. *S'il nous faut une ambition, ayons celle de faire
beaucoup de bien.*

20. *Les deux plus belles choses de l'Univers sont : le ciel
étoilé au-dessus de nos têtes, et le sentiment du devoir dans
nos cœurs.* (EMMANUEL KANT.)

CINQUIÈME LEÇON

Veux-tu vivre de la vie animale ou de la vie humaine?

Un garçon de dix ans disait un jour à son père :

« Ce n'est pas juste, tout de même, papa. On est toujours à nous gronder, nous autres les « gosses » (il voulait dire : les enfants). Et on ne gronde jamais les animaux, même quand ils font bien plus de mal que nous. On les laisse tranquilles, on ne leur dit rien. Et nous, on nous crie sans cesse : « Ne fais pas ceci, ne fais pas cela ! On est toujours après nous ! »

Le père sourit. Et, prenant son enfant sur ses genoux, il lui dit : « Il y a du vrai et du faux dans ta remarque, mon enfant. Veux-tu que je te l'explique ? — Oui, papa. »

Il est vrai qu'il y a une différence entre l'animal et l'enfant.

D'abord, à l'enfant on peut parler, et il sait très bien ce qu'on veut dire. L'animal ne comprend pas la parole, il ne comprend que les coups.

Mais, même s'il pouvait entendre ce qu'on lui commande et ce qu'on lui défend, l'animal n'en serait pas plus avancé. Il ne peut pas agir autrement qu'il n'agit. S'il a faim, par exemple, montrez-lui sa nourriture, il va se jeter dessus avidement et la manger avec voracité. Laissez aller la poule au jardin ; rien au monde ne pourra l'empêcher de gratter la terre de toute la force de ses pattes, jusqu'à ce qu'elle ait tout bouleversé. Vous n'empêcherez pas le rat de ronger, l'araignée de filer sa toile, l'abeille de pomper le miel des fleurs. Qu'est-ce qui fait agir ainsi chaque animal ? Un instinct qui le pousse sans que rien puisse l'arrêter : tous les animaux de la même race font le même geste, ils ne peuvent pas ne pas le faire.

Et l'enfant ? N'a-t-il pas, lui aussi, un instinct qui le pousse ? Certainement. Lui aussi, à la vue du fruit ou du gâteau qu'il convoite, il a une grande envie de le saisir et de le manger. Mais, dès qu'il n'est plus un bébé, dès qu'il comprend la parole, il se produit chez lui quelque chose qui n'arrive jamais ci. A l'animal, même le plus intelligent, à l'instinct animal s'oppose une autre sorte d'instinct plus fort encore que le premier. On n'a pas besoin de frapper cet enfant ni de lui faire peur comme au petit chien qu'on veut forcer à lâcher prise : il suffira d'un mot, d'un geste, d'un regard pour le décider à laisser à son petit frère sa part, à ne pas prendre le jouet d'un camarade ou à le lui rendre.

Comment a-t-on pu le lui persuader? Parce que ce n'est pas un animal : c'est un petit homme.

L'animal est entraîné par un instinct aveugle et irrésistible, qui part comme un ressort. L'homme, dès l'enfance, peut y résister, parce qu'il entend une autre voix, celle de la conscience, qui lui dit : non, il ne faut pas faire cela, cela est *mal*.

— Mais, dit le petit garçon, laquelle de ces deux voix l'emportera, si elles se contredisent?

— Je n'en sais rien. Cela dépendra.

— De qui?

— De toi, mon enfant. Et c'est justement pour cela qu'à chaque instant on fait appel à ton bon sens et à ton bon cœur. Car on sait très bien qu'il dépend de toi de choisir le bien ou de choisir le mal.

Songe à une de tes journées, mon enfant. Tu verras que du matin au soir, tu passes ta vie à choisir.

Tu t'éveilles : choisis, ou de rester paresseusement au lit, ou de te lever vite. Choisis, ou de faire avec soin ta toilette, ou d'aller en classe à moitié lavé.

Tu rencontres tes parents : choisis, ou de leur souhaiter le bonjour avec grâce et tendresse, ou de passer à côté d'eux étourdiment sans rien dire.

Tu vas à l'école : choisis, ou d'arriver à l'heure ou de flâner en route. En classe : choisis, ou d'écouter attentivement ou de regarder les mouches voler.

Un camarade te demande un petit service : choisis, de le lui rendre ou de le lui refuser.

En récréation : choisis, de jouer avec bonne humeur et loyauté, ou d'être maussade et hargneux.

Et ainsi de suite, d'un bout à l'autre de ton enfance ou plutôt de ta vie entière. L'animal ne choisit jamais, l'homme choisit toujours.»

Voilà pourquoi parents et maîtres veulent de bonne heure vous exercer à votre métier d'hommes. Cela ne s'apprend pas en un jour.

(Le maître s'assurera, par quelques questions rapides, que les élèves ont bien compris l'entretien du père et de l'enfant. Maintenant qu'ils se rendent compte de la différence essentielle entre l'animal et l'homme, le maître va leur montrer que l'humanité elle-même n'est pas arrivée du premier coup à la civilisation.)

Il a fallu de longs siècles, des milliers et des milliers d'années pour établir, au lieu de la vie animale, une vie humaine, au lieu de la société animale une société humaine.

Qu'est-ce que la société humaine? C'est celle qui n'a pas pour base unique l'instinct, qui est fondée sur des *idées* que l'animal n'a pas et qu'a l'homme.

L'homme pense : il se souvient, observe, compare, réfléchit ; il se décide enfin, non pas emporté par un désir qu'il ne peut refréner, mais déterminé par les raisons qui ont fait impression sur son esprit.

Il voit, par exemple, aux mains d'un autre, quelque objet dont il a grande envie. S'il était comme l'animal, il se jetterait sur lui et s'emparerait de sa proie. Mais il est homme, et sa conscience l'arrête.

Il a envie de se reposer. S'il était comme l'animal, rien ne l'en empêcherait. Mais il est homme, il se souvient qu'il a une tâche à remplir : il peut, par devoir, s'y forcer.

Il tient à la vie, il redoute la souffrance; s'il était comme l'animal, il fuirait les coups et le danger. Mais il est homme, et, pour défendre sa famille, sa cité, son pays, il se jette au-devant de la mitraille.

La mode s'est perdue de dire : « Heureux comme un roi ! »
La mode se perdra de dire : « Heureux comme un riche ! »
Mais on dira toujours : « Heureux comme un homme de devoir, heureux comme un homme de bien ! »
Seulement on ne naît pas homme de devoir, on le devient.

RÉSUMÉ

1. L'homme n'est pas, comme l'animal, gouverné par l'instinct tout seul : c'est un être raisonnable, éclairé par sa conscience.

2. A la différence de l'animal qui ne s'appartient pas, l'homme est sans cesse appelé à choisir entre le bien et le mal ; c'est la raison qui doit le guider.

3. Obéir à sa conscience et agir conformément à la raison, c'est se conduire bien ; en d'autres termes, se conduire en homme et non en brute.

4. De toutes les choses dont l'enfant a besoin, la première est d'apprendre à se conduire.

LECTURE

La Conscience.

Sais-tu, Jean, quelle est cette voix
Qui te félicite ou te gronde,
Qui parle au cœur de tout le monde,
Qui, dans la nuit, dit : « Je vous vois ! »
C'est Conscience qu'on la nomme.
C'est l'écho, dans nos cœurs resté,
D'un conseil souvent répété
De notre père, un honnête homme.
C'est un cri de mère à genoux,
Nous suppliant de rester sages !...

JEAN AICARD.

Causerie libre avec les élèves sur l'histoire ci-après :

Le marchand de marrons.

C'était un paysan qui traversait souvent notre faubourg avec un âne chargé de fruits et s'arrêtait chez un *pays* logé vis-à-vis de notre maison. Le vin d'Argenteuil prolongeait souvent sa visite, et, groupés devant l'âne, nous regardions son fardeau avec des yeux d'envie. Un jour, la tentation fut trop forte.

L'âne portait un sac dont les déchirures laissaient voir de beaux marrons lustrés, qui avaient l'air de se mettre à la fenêtre pour provoquer notre gourmandise. Les plus hardis se les montrèrent de l'œil ; l'un d'eux proposa d'élargir l'ouverture. Et tous d'applaudir.

Comme la majorité faisait loi, on allait passer à l'exécution, lorsque je me jetai devant le sac en criant que personne n'y toucherait! Je voulais donner des raisons à l'appui, mais un coup de poing me ferma la bouche! Je ripostai et il en résulta une mêlée générale qui fut mon Waterloo. Accablé par le nombre, j'entraînai dans ma chute le sac que je défendais. Et le paysan, que le bruit du débat avait attiré, me trouva sous les pieds de l'âne, au milieu de ses marrons éparpillés. Voyant mes adversaires s'enfuir, il devina ce qu'ils avaient voulu faire, me prit pour leur complice, et sans plus d'éclaircissement, se mit à me punir à coups de fouet du vol que j'avais empêché. Je réclamai en vain : le marchand croyait venger sa marchandise, et avait d'ailleurs trop bu pour m'entendre. Je m'échappai de ses mains, meurtri, saignant et furieux.

Mes compagnons ne manquèrent pas de railler mes scrupules si mal récompensés; mais j'avais la volonté têtue : au lieu de me décourager, je m'acharnai. Après tout, si mes meurtrissures me faisaient mal, elles ne me faisaient pas honte, et, tout en se moquant de ma conduite, on en faisait cas. J'ai souvent pensé depuis qu'en me battant, l'homme aux marrons m'avait, sans le savoir, rendu service. Il m'avait appris qu'il faut faire le bien pour le bien, non pour la récompense; et de plus il m'avait fourni l'occasion de montrer un caractère. — ÉMILE SOUVESTRE, *Confession d'un ouvrier*. (Calmann-Lévy, éditeur.)

Mots à expliquer : *Un « pays »* — *passer à l'exécution* — *mon Waterloo* — *complice*.

MAXIMES DE LA SEMAINE

21. *Connais-toi toi-même.*

22. *Bien faire vaut mieux que bien dire.*

23. *Sois maître de tes désirs : tu le seras de tes actes.*

24. *A cœur vaillant rien d'impossible.* (JACQUES CŒUR.)

25. *Faire le bien, chaque jour un peu mieux, voilà le but de la vie.*

SIXIÈME LEÇON.

Pensons aux morts !

Mes enfants, nous allons avoir deux jours, qu'il ne faut pas laisser passer sans attention. C'est... — Oui, la Toussaint, le jour des Morts.

La Toussaint est une fête de l'église catholique, introduite en France au temps de Charlemagne, et qui depuis lors se célèbre le 1ᵉʳ novembre[1].

De la fête religieuse je n'ai pas à vous parler, puisque les choses de la religion concernent vos familles et non point l'école. Comprenez-vous ce mot *Toussaint* ? On devrait écrire : *tous saints*. Ce jour-là, en effet, est une solennité consacrée non pas à la mémoire d'un saint en particulier, mais à celle de tous les saints de tout temps et de tout pays.

Coutume touchante et respectable ! On honore ainsi éternellement, année après année, siècle après siècle, les hommes qui, tout au début de notre histoire, sont venus, au milieu de populations barbares et encore païennes, prêcher l'Évangile au péril de leur vie. Il est resté dans l'esprit des peuples une profonde impression du spectacle de ces hommes venus, sans armes et sans défense, lutter contre la force et le crime. Plusieurs ont été mis à mort par les chefs dont ils attaquaient la conduite. Mais finalement le christianisme l'emporta partout, et une foule de légendes entoura le souvenir de ces premiers missionnaires. De là vient que le nom de plusieurs de ces saints a été donné à des centaines de villages. Celui de saint Martin, par exemple, le plus populaire de tous, est encore porté par plus de 200 communes françaises.

C'est une belle idée d'avoir réuni dans un hommage commun tous ces hommes connus et inconnus, qui ont contribué à fonder la France.

Mais faut-il nous borner à ceux qu'honore l'Église sous le

1. Demander aux enfants s'ils connaissent le dicton populaire qui rappelle cette date :

Quand octobre prend fin
La Toussaint est au matin.

nom de saints? Avant et après eux, il y a eu d'autres bienfaiteurs de l'humanité. Les plus anciens d'entre eux ne nous
ont pas même laissé un nom. Peut-être n'en avaient-ils pas.

Mais il a bien fallu, quand la race humaine a commencé à
sortir des cavernes où elle s'abritait contre les bêtes fauves,
qu'un jour il se trouvât quelqu'un pour imaginer un outil,
une arme, un instrument de travail, quelqu'un pour fabriquer un arc et des flèches, un marteau, une roue, un vase
de poterie, quelqu'un pour découvrir le premier de tous les
trésors, le feu, quelqu'un pour s'emparer du cheval, du
bison, de la vache, des moutons, quelqu'un pour avoir l'idée
de labourer la terre et d'y semer le grain, quelqu'un pour
travailler les métaux, quelqu'un pour oser creuser un canot,
construire un bateau, naviguer. Rien de tout cela ne s'est
fait d'un seul coup. Pas une de ces conquêtes qui n'ait coûté
de longs tâtonnements. Il a fallu le travail acharné de milliers et de milliers d'hommes pour créer peu à peu ce que
nous appelons aujourd'hui la civilisation.

Pensons à ces innombrables inconnus, ouvriers du progrès,
dans la longue suite des siècles.

Et puis, plus près de nous, ayons une pensée d'amour
pour tous nos morts, pour les humbles comme pour les
illustres. Il n'y a pas une de nos familles qui ne doive un
souvenir à ses ancêtres, aux pères de nos pères et aux mères
de nos mères. Que savons-nous, et vous surtout, enfants, que
savez-vous de tous ces grands-parents que vous n'avez peut-
être pas connus? Une seule chose : ils ont vécu, ils ont travaillé, ils ont été un anneau vivant dans la grande chaîne
des générations humaines. Si obscure qu'ait été leur tâche,
ils l'ont remplie. Ils vous ont transmis un nom qu'à votre
tour vous aurez à cœur d'honorer. Bénie soit leur mémoire,
et que leur exemple nous aide à faire notre devoir comme
ils ont fait le leur !

Mais il y a, mes chers enfants, ici comme dans presque
tous les villages de France, un monument qui rappelle à
tous les Français un souvenir plus émouvant que tous les
autres. C'est la pierre où sont inscrits tous les noms des
hommes de cette commune qui, dans la dernière guerre,
sont morts pour la patrie. Relisons ces noms avec le respect
qu'ils méritent. Debout, mes enfants !

F. Buisson. — *Leçons de Morale.*

(*Nous laissons au maître le soin de juger s'il a quelques détails à rappeler sur les soldats, tombés au champ d'honneur. L'instituteur, l'institutrice de l'école publique ne doit ni ignorer ces souvenirs locaux, ni paraître les accueillir avec indifférence.*)

Quel souvenir pour un pays ! Y a-t-il eu jamais une aussi épouvantable catastrophe ? Plus d'un million de Français dans la force de l'âge, jeunes soldats ou pères de famille, ont été fauchés par la mort dans cette guerre de plus de quatre années ! Ils étaient partis au premier appel de la patrie en danger. Les semaines, les mois, les années passaient, et ils étaient toujours là-bas, s'exposant jour et nuit, bravant silencieusement souffrances et périls, sachant tout supporter, ne se plaignant pas, ne désespérant jamais, disant toujours simplement : « C'est pour la France ! C'est pour la justice ! C'est pour que cette guerre soit la dernière des guerres ! » Et ils ont donné leur vie pour sauver la France et la liberté du monde !

Comme ils sont vivants dans nos cœurs, ces morts-là ! Comme ils sont présents dans chaque famille, présents et honorés dans la nation !

Que leur devons-nous, mes enfants ? Deux choses :

D'abord un hommage de respect et d'admiration. Nous allons apprendre, et vous conserverez dans votre mémoire les beaux vers d'un grand poète, Victor Hugo, qui expriment nos propres sentiments avec une puissance incomparable.

Aux morts pour la Patrie.

Ceux qui pieusement sont morts pour la patrie
Ont droit qu'à leur cercueil la foule vienne et prie.
Entre les plus beaux noms leur nom est le plus beau.
Toute gloire près d'eux passe et tombe, éphémère ;
    Et comme ferait une mère,
La voix d'un peuple entier les berce en leur tombeau !
    Gloire à notre France éternelle !
    Gloire à ceux qui sont morts pour elle,
    Aux martyrs, aux vaillants, aux forts !
    À ceux qu'enflamme leur exemple,
    Qui veulent place dans le temple
    Et qui mourront comme ils sont morts !

Et puis, nous n'oublierons pas le vœu ardent de tous ces héros : ils sont morts, mais c'était pour faire vivre la France et l'humanité !

Ils sont morts pour que les peuples apprennent à ne plus régler leurs conflits par les armes, c'est-à-dire par la violence, mais par la justice et la raison, d'après un équitable arbitrage auquel tous devront se soumettre.

RÉSUMÉ

1. A l'occasion de la Toussaint, honorons la mémoire, non seulement de tous les saints, mais de tous les bienfaiteurs de l'humanité.

2. A l'occasion de la fête des morts, souvenons-nous que notre société doit tout au long travail des générations successives qui nous ont précédés.

3. Le souvenir des morts est un culte sacré.

(Henri Chantavoine.)

Les premiers bienfaiteurs de l'humanité.

Quand on y songe, que d'ingéniosité dans tout cet ensemble de métiers, d'outils, de procédés que nous ont légué nos aïeux ! Nous en profitons tous les jours inconsciemment sans en mesurer le bienfait, sans songer même à remercier les initiateurs inconnus !

Semer le blé, moudre le grain et, pour faire tourner la meule, capter le vent ou l'eau ; pétrir la farine, faire lever la pâte ; cuire aussi les viandes et les herbages ; faire fermenter le raisin ou la pomme, ou l'orge avec le houblon ; distiller l'eau-de-vie ; faire le beurre ou le fromage, etc.

Et pour le vêtement ! Rouir et teiller le chanvre, carder la laine, dévider et tisser la soie, sécher les peaux, tanner les cuirs.

Et d'une façon générale, traiter les minerais, forger le fer, cuire la brique, fondre le verre ; inventer le levier, inventer la roue, etc. L'énumération serait infinie.

C'est surtout l'art de faire du feu qui constitue l'invention merveilleuse. Du feu, pour lutter contre le froid et contre la nuit, contre la glace et contre les ténèbres. Les légendes et les mythes ont suffisamment illustré ce prodige.

Peut-être cependant l'art de mesurer le temps est-il plus important encore. Se laisser emporter au torrent des jours, flotter comme une épave sans jamais savoir où l'on en est : n'est-ce pas horrible ? Heureusement l'homme invente le cadran solaire, le sablier, l'horloge et le calendrier. Et désormais il compte les minutes, les heures, les jours, les mois, les ans, les siècles. Sans doute le flot l'emporte toujours, mais du moins la tête dressée, il domine le flot. L'homme a donc vaincu la nuit et le temps.

Il a fait mieux encore, il a vaincu la mort, puisqu'il a inventé l'écriture. Qu'est-ce en effet que l'écriture, sinon la parole éternisée des générations disparues ?

Je cite toutes ces inventions avec une émotion involontaire à la pensée de tous ces pauvres inventeurs à jamais inconnus, qui se sont ingéniés, on ne sait au fond de quels siècles évanouis, pour le bénéfice d'une humanité future qui devait ignorer leurs noms !...

P. Izoulet, *La cité moderne.* (Félix Alcan, édit.)

MAXIMES DE LA SEMAINE

26. *C'est la cendre des morts qui créa la patrie.* (Lamartine.)

27. *Il faut que la patrie soit sentie dans l'école.* (Michelet.)

28. *Sans la famille, où l'homme apprendrait-il à aimer, à s'associer, à se dévouer?* (E. Souvestre.)

29. *L'humanité se compose de plus de morts que de vivants.* (Auguste Comte.)

30. *Que devons-nous à nos ancêtres? — Tout ce que nous avons et tout ce que nous sommes. —*

SEPTIÈME LEÇON.

Es-tu décidé à faire l'effort nécessaire pour remplir ton devoir ?

Comment un enfant pourra-t-il devenir un homme, j'ajoute : un homme de bien ?

Cela se fera-t-il tout seul, sans qu'on y pense, sans qu'on ait à se donner aucune peine ?

Non. Il est bien vrai qu'il n'aura qu'à s'habituer à écouter sa conscience et à suivre ses ordres. Mais les ordres qu'elle nous donne, toujours conformes à la raison, iront souvent, très souvent, juste à l'encontre de nos désirs, de nos penchants.

La conscience nous commande de faire justement ce dont nous n'avons pas envie, et elle nous défend ce que nous aurions bien envie de faire. Il y aura donc en nous une bataille entre ces deux forces opposées : l'instinct, que nous avons comme les animaux, et la raison, qu'ils n'ont pas, mais que nous avons.

Il faudra lutter. — Quand? — Aujourd'hui, demain, après-demain, tous les jours de notre vie. Lutter, c'est faire effort. Savez-vous, mes enfants, ce que c'est que l'effort ?

Et d'abord l'effort qu'on appelle musculaire, parce qu'il exerce surtout les muscles. Rappelez-vous vos belles parties de jeu, — au ballon, aux barres, à cache-cache, à la course, aux batailles à coups de boules de neige. — Comme il faut faire attention ! Comme il faut s'élancer, se précipiter, redoubler de vitesse, tout bousculer sur son passage, y aller de toutes ses forces sans se ménager, sans s'arrêter, sans perdre une minute, une seconde. En arrivant au bout, vous n'en pouvez plus, vous êtes hors d'haleine, rouges, essoufflés, éreintés, enfiévrés.

C'est cela l'effort. Vous en plaignez-vous ? Regrettez-vous de n'être pas restés au coin du feu ? Au contraire, vous dites : « Ah ! comme on s'est bien amusé ! »

Il en est de même dans la vie. Il n'y a rien de plus sain que l'effort, rien qui réjouisse plus le cœur de l'homme comme le cœur de l'enfant.

Mais il est vrai qu'il y a deux moments à distinguer :

Le premier, c'est quand on commence. On a de la peine à s'y mettre. Il faut se secouer. On n'est pas en train, on trouve tout pénible, fatigant, désagréable.

Mais vient un second moment, quand on a triomphé de ce malaise du début : on est comme emporté par l'ardeur qui a fini par s'éveiller. La moindre petite victoire vous encourage. Vous ne pensez plus qu'à gagner la partie. Et pour rien au monde on ne vous la ferait quitter au moment où vous allez vaincre.

On a dit avec raison : l'effort commence par la douleur et finit par le plaisir. La récompense de l'effort que vous avez fait hier, c'est que demain vous ne le sentirez plus. L'effort disparaît, et il reste une force nouvelle dont vous êtes heureux.

Regardez le petit enfant qui apprend à marcher. Que de fois il tombe ! Il pleure, mais un instant après il recommence. Quand une fois il sait marcher, se souvient-il encore de ses chutes ? Il ne pense plus qu'à marcher. Faites comme lui.

Vous déranger, prendre quelque peine pour obliger autrui, pour rendre service à un infirme, à un malade, à un vieillard : la première fois, c'est toute une affaire. Plus tard, vous le ferez sans même vous en apercevoir, ce sera devenu une habitude, votre seconde nature.

Voici ce que j'ai entendu raconter par une dame :

Elle avait douze ans. Sa maîtresse et ses compagnes d'école avaient organisé une charmante partie de campagne, déjeuner sur l'herbe, course dans les bois, promenade en bateau. Quelle fête ! Mais, la veille, sa mère tombe malade, est obligée de s'aliter. Il y avait deux petits enfants à garder et à soigner à la maison. Le père partait de grand matin pour son travail. La fillette comprend que sa mère a besoin d'elle, qu'il faut renoncer à la partie de plaisir. « Je resterai », dit-elle à sa mère. Et le matin elle vit passer, non sans avoir le cœur gros, toute la bande joyeuse partant à grand bruit dans un vaste char à bancs pour l'excursion. Pauvre petite ! Comme on la plaignait d'y manquer ! « Eh bien ! dit-elle, toute la journée, je m'occupai de la maison, des petits, de la maman. Je fis de mon mieux et de bonne humeur le ménage, le déjeuner, le dîner. Papa, en rentrant, fut émerveillé de trouver tout en ordre, des fleurs sur la table. Et le soir, sans savoir pourquoi, j'étais tout heureuse : il y a bien des années de cela, et je m'en souviens encore comme du plus beau jeudi de mon enfance. »

Si vous n'avez pas eu l'occasion de faire l'expérience, faites-la. Un jour qu'on vous demandera un petit sacrifice, qu'il faudra, par exemple, renoncer à quelque plaisir pour rendre service à vos parents ou pour remplir quelque petit devoir, un jour que vous aurez à vous débattre courageusement contre une envie folle de désobéir, essayez ! Vous verrez quelle joie délicieuse on éprouve à s'imposer ces petites privations. C'est la joie du bien. Il n'y en a pas qui soit comparable.

Qui de vous veut essayer cette semaine et me dire la semaine prochaine comment cela lui a réussi ?

En attendant, écoutez bien ceci :

Tous les jours, vous entendrez des gens regretter d'avoir cédé à la tentation de mal faire, les uns cherchant à s'excuser, les autres s'en repentant, d'autres désolés et désespérés. Mais il y a une chose qui ne s'est jamais vue, que vous ne verrez jamais : depuis que le monde est monde, il n'y a pas d'exemple qu'un homme ait regretté d'avoir bien agi !

Une vieille dame a laissé à la Ville de Paris une somme d'argent pour donner chaque année un livret de caisse d'épargne à une petite fille qui, tout en fréquentant régulièrement l'école, se serait fait remarquer par son dévouement envers ses parents.

Écoutez le rapport de la Commission sur deux des fillettes qu'elle proposait pour cette récompense :

« L'une s'appelle Jeanne C... Douze ans. Sa mère, veuve, tient une petite mercerie. Pour augmenter un peu ses revenus, la pauvre femme vend des journaux. Mais il faut porter à chacun son journal pour qu'il puisse le lire en déjeunant.

« La petite Jeanne, un beau jour, imagina d'aller faire cette distribution matinale au lieu de sa maman. Pour cela, il a fallu se lever à six heures en hiver, aller chercher les journaux et les porter (il y en avait tous les jours de 60 à 80) aux différents étages, beaucoup au cinquième. Cette tournée faite par tous les temps, elle revient, déjeune rapidement et va en classe, ses devoirs faits et ses leçons apprises : elle est toujours une des meilleures élèves.

« L'autre est une fillette de treize ans, Hélène P... Son père était un petit boutiquier qui, emporté par la passion de l'alcool et du jeu, abandonna un jour sa femme et ses trois enfants. Hélène était l'aînée, les deux petits avaient quatre ans et sept ans. La mère, déjà malade, fut comme foudroyée par ce malheur : elle ne savait que pleurer, se lamenter, dans un affreux désespoir.

« Hélène ne perdit pas la tête : elle devint une petite mère de famille. Elle commença par se lever, elle aussi, de grand matin. Elle apprit toute seule à préparer le déjeuner, à faire la toilette des petits, à ranger un peu le ménage, à soigner sa mère alitée.

« Elle allait en classe avec les deux petits. Là, elle était bien un peu fatiguée, elle avait parfois de la peine à suivre, mais elle s'y appliquait si bien qu'elle resta une très bonne élève. A onze heures et demie, elle rentrait, faisait les lits, préparait le repas, retournait en classe à une heure et demie.

« Enfin, rentrée à quatre heures, elle faisait le dîner, puis couchait les enfants, raccommodait les vêtements, aidait enfin ou remplaçait de son mieux la mère malade dans tous les soins du ménage. Elle a continué à faire ainsi pendant des mois et des mois. »

Que pensez-vous de ces deux fillettes ? C'était déjà bien beau d'entreprendre une pareille tâche. Mais la remplir ainsi jour après jour, semaine après semaine, sans se laisser vaincre par la fatigue ! Voilà des jeunes filles qui ne s'imagineront pas qu'il suffit d'un bon mouvement pour être une brave enfant.

Écoutez maintenant comment parle du devoir et de l'effort un grand orateur :

« Combien serait grande une humanité où tous les hommes respecteraient la personne humaine en eux-mêmes et dans les autres, où tous les hommes diraient la vérité, où tous fuiraient l'injustice et l'orgueil, où tous respecteraient le travail d'autrui et ne recourraient ni à la violence, ni à la ruse, ni à la fraude ! Ce serait la société parfaite, l'humanité idéale, que tous les grands esprits et les grands cœurs ont préparée par la promulgation du devoir et par la soumission au devoir, celle que les hommes les plus humbles, les enfants même, peuvent préparer aussi par la soumission libre à la loi morale... Ainsi, l'enfant de nos écoles peut concourir lui-même par la droiture, par la pratique journalière du devoir, à la réalisation de l'idéal humain. (JEAN JAURÈS.)

RÉSUMÉ

1. Toute volonté suppose un effort, c'est-à-dire une lutte contre notre paresse et notre égoïsme.

2. De même que l'effort musculaire donne aux muscles de la souplesse et de l'énergie, de même, l'effort volontaire fait prendre à l'homme un grand empire sur lui-même et la puissance de se gouverner.

3. A mesure qu'il se répète, l'effort nous rend facile la tâche d'abord insupportable.

QUESTIONNAIRE

Racontez l'histoire de la dame qui parlait du « plus beau jeudi de son enfance ».

« L'humanité idéale » comme la concevait Jaurès.

MAXIMES DE LA SEMAINE

31. Ce qui importe, ce n'est pas le succès : c'est l'effort. (JOUFFROY.)

32. La plus noble question du monde est celle-ci : quel bien puis-je faire ? (FRANKLIN.)

33. Celui qui n'est pas son maître n'est le maître de personne.

34. Tout s'apprend, même la vertu. (JOUBERT.)

35. Maintiens vivante en toi la faculté de l'effort en l'exerçant chaque jour un peu.

HUITIÈME LEÇON

Veux-tu te faire un corps sain et vigoureux ?

Maintenant nous voyons bien de quoi il s'agit quand on parle de faire un homme. Nous savons bien qu'on n'y arrive pas sans peine, sans lutte et sans effort. C'est entendu, nous n'avons donc plus qu'à passer en revue l'un après l'autre les différents objets dont l'homme — et d'abord l'enfant — devra s'occuper pour être sûr d'arriver à se bien conduire.

Commençons par le premier objet qu'il faut apprendre à gouverner : notre corps.

Vous allez peut-être me dire : je n'ai pas besoin de m'en occuper. Il grandira tout seul, et je n'y peux rien.

C'est vrai, la nature s'en charge, et nous n'avons qu'à la laisser faire.

Que faut-il d'abord à notre corps pour qu'il vive et grandisse ?

Il lui faut de la nourriture. Cela revient à dire que pour se nourrir, il faut...

Manger. Très bien. Mais a-t-on besoin de vous apprendre à manger ? Vous riez. Vous dites : non.

Avez-vous quelquefois jeté une poignée de graines à la basse-cour, ou porté la pâtée aux porcs ? Qu'arrive-t-il alors ? Décrivez-moi cela.

(Donner aux enfants le plaisir de cette description facile et amusante.)

Oui, toutes ces bêtes, volailles, porcs ou chiens, se précipitent sur la nourriture avec une impatience, avec une voracité qui vous amuse. C'est à qui saisira le plus vite la pâture et l'avalera le plus rapidement. On dirait qu'ils ont peur qu'il n'en reste plus, s'ils ne se hâtent de prendre leur part et la plus grande part possible.

Voilà comment les animaux mangent.

Et les hommes ? Quand on dresse la table de famille ou la table commune à la ferme, voit-on les gens se bousculer, se disputer les bouchées et les engloutir avidement en se regardant de travers?

Non. On mange à des heures réglées, tous ensemble, en paix, tranquillement, sans impatience, en causant amicalement.

On dit bien qu'il y a encore des enfants qui parfois mangent ou plutôt dévorent à la façon gloutonne des animaux. Il y en a surtout, paraît-il, qui sont gourmands. Ils se laissent tellement entraîner que, pour le plaisir de se régaler de friandises et de sucreries, ils s'en bourrent au point d'en être malades ensuite.

Mais j'aime à croire que ce sont des cas très rares. Et la plupart de ces enfants se corrigeront vite d'un si vilain défaut.

Un défaut plus commun et dont je ne vous parlerais pas s'il n'avait pas des conséquences fâcheuses, c'est de ne pas suffisamment mâcher.

Vous savez ce que c'est que mâcher. Les dents sont faites pour cela. Il faut qu'elles commencent par bien écraser, bien broyer les aliments : pain, viande, légumes, fruits. Il faut que la nourriture imprégnée par la salive ait été ainsi réduite en pâte pour descendre aisément dans l'estomac, où elle est transformée en une sorte de bouillie liquide. Une multitude de petits canaux pas plus gros qu'un cheveu viennent sucer goutte à goutte tout ce qu'il y a de bon dans ce liquide, c'est-à-dire tout ce qui peut se changer en chair et en sang. Mais le commencement de cette opération, c'est de bien mâcher. En mangeant trop vite, certains enfants avalent, comme on dit, les morceaux tout ronds. Alors, ce que n'ont pas fait les dents, il faut que l'estomac le fasse, et l'estomac n'a pas de dents! De là de mauvaises digestions, une espèce d'engourdissement et de pesanteur qui empêche le travail.

Sans compter que les dents qui ne font pas leur service s'encrassent, se gâtent et deviennent souvent mauvaises, qu'il en faut arracher plusieurs. Avouez qu'il vaudrait mieux prendre l'habitude de s'en servir et se donner la peine de manger comme un homme doit le faire.

Mais la nourriture n'est pas tout.

Le corps humain a besoin, en outre, d'exercice, de mouvement et ensuite de repos. Cela aussi doit s'apprendre. Voulez-vous avoir un corps sans vigueur, sans énergie et sans adresse? Vous plairait-il, en grandissant, de devenir un pauvre être chétif, timide, faible, malade, incapable de lutter avec les autres, de supporter ce qu'ils supportent? Pour cela comme pour tout le reste, rien ne s'obtient sans le travail. Il faut travailler à rendre le corps aussi énergique et aussi robuste que possible. Il faut assouplir vos muscles, fortifier vos membres. Et il n'y a qu'un moyen pour en venir à bout : c'est de les exercer constamment et méthodiquement.

C'est ce qu'on appelle l'éducation physique.

Depuis quelques années, surtout depuis la guerre, tout le monde s'en est préoccupé.

Le soldat de nos jours a besoin de savoir non seulement accomplir correctement les mouvements d'ensemble qu'il apprendra au régiment; il faut qu'il sache courir, sauter, escalader un mur, se coucher à terre instantanément, ramper au besoin, traverser une rivière à la nage, se diriger par une nuit noire, se dissimuler dans un bois, dans les herbes, dans un marécage, braver le chaud, le froid, la faim, la soif, la fatigue, la douleur, bref se servir de ses pieds, de ses mains, de ses jambes, de ses poumons, de ses reins, comme d'instruments dociles, vifs, alertes et robustes.

C'est pour arriver à ce résultat — aussi précieux dans la paix que dans la guerre — qu'on a mis en honneur — chez nous, comme d'ailleurs chez tous les peuples — les jeux athlétiques de toute sorte, concours et luttes au ballon, courses à pied, à bicyclette, en automobiles, en avions, circuits nationaux et internationaux, voyages autour du monde, excursions et ascensions dans les Alpes et les Pyrénées, jeux olympiques en souvenir de ceux de l'ancienne Grèce, etc.

Tout cela fait partie de l'éducation physique du jeune Français du XX⁰ siècle, qu'il soit paysan ou citadin, écolier, apprenti, ouvrier, étudiant.

Par cette répétition de l'effort musculaire et de tous les autres efforts, il acquiert, par-dessus tant d'autres qualités, celle qui les résume toute : l'endurance, c'est-à-dire la faculté de supporter sans fléchir les privations, les souffrances, les coups, la douleur, tout ce qui brise habituellement la machine humaine.

Tout cela n'est pas pur jeu. Il y faut voir autre chose que l'agrément et le plaisir de chacun.

C'est un merveilleux entraînement dont toute la race bénéficiera. Car les avantages de cette éducation des membres, des muscles et des nerfs ne sont pas seulement pour ceux qui réussissent, pour ceux qui enlèvent les prix et les récompenses. Ils profitent à tous ceux qui prennent part à ces exercices, à ces combats, à ces efforts. Beaucoup n'obtiendront aucune coupe, aucun prix, et emporteront tout de même, de cette pratique des jeux athlétiques, d'admirables résultats : ils auront atteint ainsi le maximum d'énergie, de vigueur et de souplesse dont leur corps est capable.

Une telle éducation est singulièrement bienfaisante pour tous, et l'on ne saurait trop l'encourager dans l'intérêt de la nation.

Les *sports*[1], puisque c'est ainsi qu'on les nomme, ne sont donc pas à dédaigner : ils apprennent à mettre en valeur le corps au service de l'âme.

RÉSUMÉ

1. Il ne dépend pas de nous d'avoir une santé parfaite, il dépend de nous de la gâter.

2. Il faut manger comme un homme et non comme un animal. Les animaux se jettent sur la nourriture, les hommes prennent leurs repas avec ordre, mesure et décence.

3. Qui ne mâche pas bien ne digère pas bien. Qui digère mal travaille mal.

4. L'éducation physique est un des moyens les plus puissants pour donner à la nation tout entière une valeur et une supériorité considérable dans la vie corporelle.

1. *Sport* : mot anglais employé, dit Littré, pour désigner tout exercice en plein air : courses de chevaux, canotage, chasse à courre, tir, pêche, tir à l'arc, gymnastique, escrime, etc… Ce mot est dérivé d'un vieux mot français *desport* ou *déport* qui désignait des jeux et des amusements divers.

QUESTIONNAIRE

De quoi le corps a-t-il besoin pour vivre et grandir?

Comment mangent les animaux? Et l'homme?

Qu'est-ce qu'un glouton? Pourquoi fait-il penser aux animaux? Qu'est-ce qu'un gourmand?

Est-il sans inconvénient de manger avec précipitation, de dévorer, d'avaler des morceaux tout ronds?

Pourquoi faut-il prendre la peine de bien mâcher?

Que faut-il pour que la digestion soit facile et que la nourriture profite au corps? (1° travail de la bouche; 2° travail de l'estomac).

Comment le corps devient-il fort, vigoureux, souple, capable d'énergie et d'endurance?

Qu'entendez-vous par ce mot : endurance?

Qu'entendez-vous par jeux athlétiques? (jeux d'athlètes [1]).

MAXIMES DE LA SEMAINE

36. Une âme saine dans un corps sain.

37. Il n'est pire travail que de ne rien faire.

38. Le paresseux a toujours envie de faire quelque chose. (Vauvenargues.)

39. L'effort dans un organisme sain est le plus grand des plaisirs : celui de se sentir vivre.

40. Être sobre n'est pas une grande vertu : c'est un grand défaut de ne l'être pas. (Christine de Suède.)

1. *Athlète* : on appelait ainsi dans l'antiquité, chez les Grecs surtout, l'homme qui s'exerçait à la lutte ou au pugilat pour combattre dans les jeux solennels. Par extension, on a donné le nom d'athlète à tout homme remarquable par la force, la souplesse et l'adresse dans les divers exercices du corps.

NEUVIÈME LEÇON.

Es-tu propre? parfaitement propre?

Savez-vous comment on appelle la science qui étudie les conditions de bonne santé du corps humain ? C'est l'*hygiène*.

L'hygiène étudie toutes les conditions requises pour que le corps humain soit en état de bien remplir ses diverses fonctions. Vous pensez bien que nous n'allons pas entreprendre de les passer en revue. Mais j'en veux retenir une. Pourquoi? Parce que celle-là ne dépend que de vous. Elle n'a besoin que d'un peu de bon vouloir. C'est si peu de chose qu'on a presque honte de vous en parler. Savez-vous ce que c'est? Non ? On l'appelle la *propreté*.

Vous allez vous récrier? A quoi bon cette recommandation ? Ne savons-nous pas faire notre toilette?

Eh ! Eh ! je n'en suis pas absolument sûr. J'ai peur que plus d'un parmi vous — et plus d'une — ne sache pas bien ce qu'est la parfaite propreté.

Tenez, au lieu de vous la décrire moi-même, voulez-vous que je vous lise une jolie page écrite par un homme qui avait beaucoup d'esprit et aussi beaucoup de cœur? Il aimait les enfants, et il leur parlait d'une façon charmante. Écoutez ce qu'il dit à une grande fillette de 13 ou 14 ans :

« Pour dîner de bon appétit, vous voulez, n'est-ce pas, que la nappe soit blanche, que les assiettes soient bien lavées, qu'il n'y ait pas de cheveux dans la soupe, que le couteau qui coupe le pain ne laisse pas de vilaine trace. Et, pour boire avec plaisir dans un verre, il faut qu'il soit net et bien rincé, que l'eau qu'on y verse soit claire et limpide. »

Et puis, se tournant vers la fillette qui a écouté sans défiance ce gentil petit tableau de ménage, il lui dit :

« Eh bien ! pourquoi, vous qui aimez que tout ce qui vous est servi soit propre et appétissant, pourquoi n'êtes-vous pas — je ne puis pas reculer devant le mot : vous ne reculez pas devant la chose — pourquoi n'êtes-vous pas toujours propre vous-même? »

La fillette fait un geste de surprise. Elle est un peu cho-

quée. Son vieil ami — car c'est une sorte de parrain, de
vieil oncle ou de grand-papa — reprend :

« Ma question vous paraît brutale ? Croyez que j'aimerais
mieux vous en faire une autre. Je n'aborde pas sans répu-
gnance le rôle de nettoyeur. Mais enfin, pourquoi, vous qui
êtes si volontiers dégoûtée, ne craignez-vous pas de dégoûter
un peu les autres ?

« Pourquoi, ce matin, n'avez-vous lavé que le fin bout de
votre charmant petit nez ? Pourquoi avoir été avare d'eau
pour votre front ? »

Vous devinez le malaise de la jeune fille, malgré le compliment. Le vieux monsieur poursuit :

« Je vois comme des ombres sur votre cou : est-ce de la
poussière d'hier ?

« Et vos oreilles ? — Ma foi, tant pis. Quoique la corvée
soit lugubre, je me permettrai d'inspecter jusqu'à vos
oreilles. Ah ! pour le coup, vous n'y avez même pas pensé, à
vos pauvres petites oreilles. Mais, savez-vous que c'est tout
bonnement hideux, une jolie oreille, le dedans de la plus
jolie oreille du monde, quand ce n'est pas pur comme la
nacre d'un coquillage sortant de l'onde ? Savez-vous que
c'est pire encore qu'un nez mal mouché ? Vous me direz
qu'elles sont presque derrière votre tête, vos oreilles, et
comme perdues dans les broussailles de vos cheveux, et si
petites, d'ailleurs, que vous ne savez pas comment les
trouver. Mais je les vois, moi, et tout le monde les décou-
vrira comme moi... »

Vous suivez bien, mes enfants ? Je suis sûr que vous avez
un peu pitié de la pauvre petite. Et ce n'est pas fini. Le terrible examinateur, — qui est le meilleur des hommes et qui
lui rend un grand service — continue : « Vous voudriez
m'arracher les yeux, car vous voyez que je ne suis pas au
bout. »

Qu'est-ce qu'il a encore aperçu, cette fois ? Ce sont les
dents pas brossées ou mal brossées. Il passe vite, et, comme
il est la bonté même, il veut lui glisser un mot aimable :
« Vous êtes jeune, vous êtes jolie comme le printemps, vous
êtes une fleur éclose du matin. Et cette fleur que vous êtes,
pourquoi la gâter ? Une fleur malpropre, est-ce assez mons-
trueux ? »

La pauvre enfant n'en peut plus.

« Vous cachez votre visage dans vos mains. Prenez garde : vos ongles sont en deuil ! »

Je vois que plusieurs d'entre vous, en entendant ce mot, ont regardé précipitamment le bout de leurs doigts. — Non ? — Je me suis trompé sans doute.

Elle finit par se fâcher. Non, lui dit son vieux conseiller, il ne faut pas se fâcher. « Est-ce que cela vous plaît, les défauts des autres ? Eh bien ! pourquoi garderiez-vous les vôtres ? »

Et, comme il sait qu'elle a bon cœur, il trouve un moyen imprévu de la toucher. Il suppose qu'elle a tout à coup à soigner sa mère, sa sœur malade ou blessée. Ne serait-elle pas désolée si, au moment de sucrer leur tisane ou d'effleurer leur figure, on s'apercevait ou si elle-même s'apercevait que ses mains ne sont pas tout à fait, mais tout à fait propres ?

« Croyez-moi, chère petite, aimez l'eau, adorez l'eau, prodiguez l'eau à votre petite personne. Vous arrosez votre rosier, arrosez-vous vous-même, les roses de vos joues ont besoin d'eau tout comme les siennes, tout a besoin d'eau, dans la nature .. »

Et il conclut : « La propreté est la plus belle des parures. La laideur même, par la propreté, vient à bout d'être avenante. Une beauté sale ne sera jamais qu'un monstre[1]. »

Le livre ne dit pas si la jeune fille a su profiter de la leçon. Mais, laissons la jeune fille. Ce n'est pas d'elle que je m'inquiète, c'est de vous.

J'ai quelque chose à vous demander :

Pensez à ce qui vous a été dit. Et si vous trouvez que c'est la vérité, je vous demande de prendre tout bas une *résolution*. Vous savez ce que c'est qu'une résolution ? Une sorte d'engagement qu'on prend à soi tout seul, sans en rien dire à personne.

Ce que je demande à chacun, c'est de promettre, non pas à moi, non pas à ses parents, mais à lui-même, qu'il ne viendra plus jamais en classe sans s'être soigneusement lavé, sans s'être brossé les dents, sans s'être bien savonné les

1. Extrait de STAHL, *Morale familière* (Hachette, édit.)

mains, bien peigné les cheveux, sans avoir regardé s'il n'y a pas de tache à ses vêtements, s'il a des cahiers très propres, des livres bien tenus, des habits en ordre, un panier bien rangé.

Ne me répétez pas que c'est bien peu de chose. Si peu que ce soit, les premiers jours cela vous coûtera. D'abord, il faudra y penser, il faudra de plus y consacrer quelques minutes. Et puis, ce n'est pas une fois par hasard qu'il faudra s'imposer cette petite corvée. C'est un effort à renouveler tous les jours jusqu'à ce qu'il se fasse tout naturellement, sans presque y penser. Vous serez tout étonnés de vous en sentir tout heureux. Et vous serez peut-être plus étonnés encore de voir que vos parents et vos maîtres, ayant remarqué ce changement sans que vous leur en ayez rien dit, en seront aussi tout heureux. Essayez, vous ne le regretterez pas.

RÉSUMÉ

1. La propreté est la première condition de la santé, et elle dépend de nous.

N. B. — Le maître sera sans doute obligé de revenir plus d'une fois sur ce sujet. Il peut le faire d'un mot, en passant. Il recommandera, suivant les occasions : 1° *la propreté de la personne même* (lavage du corps à grande eau et à l'eau froide : bains, douches, ablutions, particulièrement des parties du corps qui se salissent le plus facilement, les mains, le visage, les pieds) ; 2° *la propreté des vêtements* (usage journalier de la brosse ; cirer ses souliers, laver et frotter ses sabots, etc.) ; 3° *la propreté du domicile* (guerre à la poussière, nécessité de l'aération et de la ventilation des pièces où l'on se tient, surtout de celles où l'on couche, nettoyage à fond des ustensiles de commun usage, écoulement des eaux domestiques) ; 4° *la propreté des objets* dont on se sert (livres, cahiers, jouets, etc.). Il fera voir qu'il faut être très propre : d'abord par hygiène ; puis, par respect pour soi-même ; enfin, par respect pour les autres.

LECTURE

La leçon des oiseaux.

Le pinson dit : « Camarade,
Si je suis toujours joyeux,
Et — tu vois — jamais malade,
C'est que je lave bien mon plumage et mes yeux ! »
Oh ! la mignonne cuvette
Où se baignent les oiseaux,
Merle, pinson et fauvette !
C'est un trou dans le sable au bord des clairs ruisseaux.
Le moineau dans la rosée
Se baigne chaque matin,
Ou tend son aile irisée
Sous l'éclaboussement des jets d'eau du jardin.
Ramiers ou bergeronnettes,
Les oiseaux, grands et petits,
Ont les pattes toujours nettes ;
Plus d'une fois par jour, ils brossent leurs habits.
Lorsque l'on part pour l'école,
Tout propre et frais comme l'eau,
On est léger, le cœur vole,
Et chacun pense : « Oh ! le joli petit oiseau ! »

JEAN AICARD.

Le Jardin des Enfants. (Hatier, éditeur.)

MAXIMES DE LA SEMAINE

41. *Ne souffrons aucune malpropreté, sur notre corps,
dans nos vêtements, dans notre maison.* (FRANKLIN.)

42. *La propreté est le seul luxe qui ne coûte rien.*

43. *Qui ne tient pas à préserver son corps de toute souil-
lure soignera-t-il mieux son âme?*

44. *Il y a plus de rapports qu'on ne croit entre la propreté physique et la pureté morale.* (Mme PAPE-CARPANTIER.)

45. *Pauvreté n'est pas vice, mais vice est la malpropreté*

DIXIÈME LEÇON

As-tu la tenue et les manières d'un « enfant bien élevé » ?

Qu'appelle-t-on couramment un « *enfant bien élevé* » ?

C'est celui qui a découvert qu'il n'est pas le centre du monde, qu'il y a d'autres gens que lui, qui comptent autant et même plus que lui. C'est l'enfant qui pense aux autres quand il agit, quand il parle, même quand il joue. C'est celui qui, tout en gardant l'entrain et la gaieté du jeune âge, ne va jamais jusqu'à céder à toutes ses fantaisies, au risque d'incommoder ses voisins.

Qu'appelle-t-on une *bonne tenue*, ou simplement de la tenue ? C'est une façon de se tenir, de tenir son corps, de mesurer ses gestes, de ne pas crier, de ne pas s'agiter étourdiment, d'avoir une attitude polie, un extérieur soigné, de l'attention pour ne choquer personne et pour ne jamais donner l'impression d'un garçon qui, par légèreté, par sottise ou par égoïsme, ne pense qu'à lui seul.

Et les *manières*, qu'entendez-vous par là ? Manière de se comporter avec autrui, de n'être point importun, d'être au contraire toujours prêt à rendre un petit service, à faciliter les bonnes relations de famille, de voisinage, d'affaires, de travail et de jeu. C'est d'ailleurs une marque de politesse et de déférence que les plus jeunes doivent aux plus vieux.

Voulez-vous vous rendre compte du plaisir qu'on éprouve à rencontrer un enfant habitué à se présenter ainsi ? Laissez-moi vous raconter ce que j'ai vu moi-même aux dernières vacances.

Un dimanche après-midi, j'étais chez des amis. On était à la salle à manger, on causait tranquillement, les enfants jouaient dans le jardin. Tout à coup, la porte s'ouvre avec fracas. C'était Léon, le fils d'une des dames qui étaient là en visite. Il se précipitait vers sa mère, demandant qu'on lui recouse un bouton de son pantalon. Le pantalon était déchiré, la veste déchirée aussi, l'un et l'autre couverts de boue. Il avait les cheveux en désordre, la figure barbouillée.

Je regardais la pauvre maman : elle était honteuse et ne savait comment cacher son embarras. Vite elle se lève, entraîne Léon et va réparer de son mieux la toilette endommagée. La dame de la maison s'empressa de lui dire que ce n'était rien, de lui donner tout ce qu'il lui fallait, mais il était visible que les deux dames étaient fort ennuyées.

Je me disais tout bas : c'est un petit accident, un manque de tenue chez ce garçon ; il ne s'est pas aperçu d'abord qu'il faisait de la peine à sa mère et l'humiliait devant tout le monde. Il l'aura remarqué sûrement, et cela lui servira de leçon.

Mais Léon rentre avec sa mère. On va faire une promenade aux environs, parents et enfants. J'observais Léon, et je vis que sa maman en faisait autant, non sans inquiétude. Et elle n'avait pas tort. Léon était insupportable avec ses camarades, il voulait tout gouverner, il était rude avec les petits, querelleur avec les grands, désagréable avec tous.

On passe dans un pré. Léon se met à courir à travers l'herbe déjà haute. Le valet de ferme, le voyant de loin, lui crie de suivre le sentier et le menace du garde champêtre. Mais Léon de crier plus fort, en employant de gros mots dont je ne le croyais pas capable. Cette fois encore, la maman fut mortifiée et gronda son garçon de ce manque de tenue.

Et il y en eut d'autres. Plus loin, on passe le long d'un verger. Léon, de ramasser des pierres, pour abattre des noix, des poires, jusqu'à ce qu'on le rappelle à l'ordre. On entre dans une jolie campagne dont nous connaissions le propriétaire. Tandis que nous causions avec lui, Léon entame avec ses camarades une partie de cache-cache et, sans se gêner, traverse les plates-bandes, écrase les fleurs, brise les arbustes, ouvre les portes du poulailler, épouvante toute la basse-cour, si bien qu'il fallut encore aller mettre le holà à ses ébats désordonnés.

Enfin, on rentra pour dîner. Là, du moins, j'espérais que tout se passerait bien. Mais quand on manque de tenue ailleurs, on en manque aussi à table. A table, comme ailleurs, Léon ne pense qu'à lui. Il a vu un mets qui lui plaît, il tend son assiette sans attendre son tour. Il mange et boit sans soin, sans propreté, sans aucun égard pour les autres, il ne pense même pas à rendre un petit service à ses voisins de table. Si bien que le soir, quand on s'en alla, il n'y avait qu'une voix : « Avez-vous vu ce petit? Qu'il est donc mal élevé! Vilain gamin! »

Tout cela, vous voyez, pour de bien petites choses, pour des bagatelles, si l'on veut. Mais elles trahissent un grand défaut, le pire de tous : l'incapacité de se surveiller, l'habitude de ne penser qu'à soi, bref d'un très vilain nom : l'*égoïsme*.

Ce n'est pourtant pas un grand effort de faire un peu attention aux autres, de savoir se taire au lieu de les assommer d'un babil sans fin, de savoir se plier pour des bagatelles aux convenances des parents, des grandes personnes, des amis de la famille.

Mais quoi? Dans la famille même, il arrive trop souvent que, sous prétexte d'intimité, on ne se gêne pas. Il arrive parfois que des enfants, sans penser à mal, parlent à leur mère comme s'ils oubliaient que c'est leur mère.

Supposez qu'un étranger les entende employer des expressions arrogantes, dures, irrespectueuses envers celle à qui ils doivent tout, je vous assure qu'il est peiné pour elle et encore plus pour eux.

Quand on a pris l'habitude des mauvaises manières, on les applique à tout le monde.

Aux étrangers : certains enfants les accueillent par un ricanement stupide au lieu de se faire un plaisir de les renseigner, au besoin de les guider.

Aux personnes infirmes : on se moque de leurs infirmités; au lieu de chercher à leur venir en aide on en rit bêtement, on les tourne en ridicule, sans penser qu'on est plus ridicule que ceux dont on rit.

Aux personnes âgées qu'on devrait respecter, ne fût-ce qu'en raison de leur âge : il suffirait de réfléchir que les vieillards vous ont préparé votre tâche, ont travaillé et peiné longtemps avant vous et ont mérité votre reconnaissance pour tout ce qu'ils ont fait pour vous avant votre naissance. Car toutes les générations se tiennent, et chacune doit laisser à la suivante un monde un peu meilleur que celui qu'elle a trouvé.

Ces qualités tout extérieures, — l'amabilité, l'obligeance, la politesse, les prévenances, les marques d'attention et de respect — ne sont pas des vertus sans doute, mais elles font grand plaisir à ceux à qui elles s'adressent et font aimer ceux qui les manifestent. La mauvaise tenue et l'absence de courtoisie laissent une impression défavorable, que chacun de vous évitera dès qu'il y aura pensé. « Bonne grâce et amabilité, ce n'est rien : mais c'est l'huile qui adoucit tous les ressorts de la vie ». (Stahl.)

> La politesse est à l'esprit,
> Ce que la grâce est au visage :
> De la bonté du cœur elle est la douce image,
> Et c'est la bonté qu'on chérit !
>
> VOLTAIRE.

Ce dernier mot est très juste ; ce qu'il y a au fond de tout cet ensemble d'habitudes et de manières polies, c'est un sentiment de bonté, c'est le respect d'autrui dominant notre égoïsme. C'est plus qu'un geste, c'est l'indice d'une véritable intention de bienveillance qui vient de notre cœur et qui va droit au cœur des autres.

Un éducateur l'a fort bien dit : « Céder le meilleur plat à un vieillard, à une femme, à un infirme, à un mutilé ; aider une personne courbée sous un fardeau ; éviter les paroles qui peuvent blesser autrui ou les actes qui peuvent les désobliger ; se priver d'une distraction, d'un plaisir pour créer de la joie autour de soi : voilà la forme élevée de la politesse, celle qui se hausse jusqu'à la bonté. »

RÉSUMÉ

1. La bonne tenue consiste à mettre de l'ordre, du soin et de l'attention dans tous les actes de la vie corporelle (maintien du corps, mouvements, gestes, langage).

2. Les bonnes manières consistent à témoigner dans nos rapports avec les autres le souci de la bienséance, de la courtoisie et du respect que nous leur devons.

QUESTIONNAIRE

Qu'est-ce que la tenue? Y a-t-il une bonne et une mauvaise tenue? Exemples.

La tenue d'un enfant permet-elle de le juger, ou, tout au moins, d'emporter de lui une impression favorable ou défavorable?

Montrer que la mauvaise tenue fait supposer un caractère qui manque d'énergie et un fond d'égoïsme. Exemples.

Les bonnes manières et les mauvaises manières : envers les parents? envers les vieillards? même entre camarades?

Est-ce bien difficile de se montrer propre, soigneux, aimable, poli, respectueux? Montrer qu'il suffit d'y faire attention.

Que préférez-vous dans les relations ordinaires de la vie de tous les jours, à la maison, en classe, dans la rue, à table : vous gêner ou gêner les autres?

MAXIMES DE LA SEMAINE

46. Savoir se gêner est une des premières choses qu'on doive apprendre. (DIDEROT.)

47. Qui ne se gêne pas gêne autrui.

48. La politesse est une monnaie destinée à enrichir celui qui la dépense. (Proverbe persan.)

49. Est-il vraiment un homme, celui qui est grossier en paroles ou en actes? (SOUCHÉ.)

50. La bonne grâce est au corps ce que le bon sens est à l'esprit. (LA ROCHEFOUCAULD.)

ONZIÈME LEÇON.

Aimes-tu ton école ?

Cours élémentaire. — Mes petits enfants, si quelqu'un, entrant dans cette salle, vous disait : « Où êtes-vous ici? Qu'est-ce que c'est que cette maison où vous êtes? », que répondriez-vous?

Les enfants : « On est à l'école, on est en classe. »

Oui, « on est », ou mieux : « nous sommes à l'école ». Mais le visiteur curieux continue :

« Est-ce donc votre maison? Est-ce ici que demeure votre famille ? »

Vous répondrez : « Non, c'est la maison d'école. »

Il insiste : « Qu'est-ce que c'est donc, une école ? »

(Même les plus jeunes élèves diront, de manière ou d'autre, que c'est un endroit où l'on vient « pour apprendre ». — Vous demanderez : « Pour apprendre quoi ? » — Les enfants, ainsi encouragés, se feront un plaisir de répondre : « Pour apprendre à lire. » Quelques-uns ajouteront : « A écrire », peut-être : « A compter » peut-être entreront-ils dans d'autres détails. Ne vous en plaignez pas : tout cela vaut mieux que la torpeur du silence.)

Le visiteur reprend : « Mais à quoi cela sert-il à tous ces enfants d'apprendre à lire, écrire, compter et tout le reste? N'aimeraient-ils pas mieux aller jouer? » Qu'allons-nous lui répondre?

Oui, certes, on aime bien aller jouer, et l'on aura encore le temps de jouer après la classe. Mais on ne peut pas jouer toujours. Et il y a des choses dont on ne pourra pas se passer dans la vie, qu'il faut apprendre dans l'enfance. Les hommes ne peuvent pas vivre comme les animaux.

Il faut d'abord, pour qu'ils puissent communiquer les uns avec les autres, qu'ils aient un langage et qu'ils apprennent à s'en servir. C'est un apprentissage qui ne se fait pas en un jour. Il exige des années : c'est pour cela qu'il faut aller à l'école.

Cours moyen. — Mais voici une question plus difficile que va nous poser ce même visiteur.

Il nous dira : « Pourquoi donc réunir tous ces enfants qui viennent de loin ? Il serait bien plus simple que chacun, chez lui, apprenne ce dont il a besoin. Cela prendrait moins de temps et ne coûterait pas si cher ; on n'aurait pas besoin de construire une maison tout exprès pour les rassembler. » Que lui répondrons-nous ?

(Si les élèves sont un peu embarrassés, leur adresser les questions suivantes qui, d'abord, les surprendront un peu.)

Voyons, que font vos parents ? N'ont-ils rien à faire toute la journée ? Votre père ? (travaux de la campagne et autres). Votre mère ? (travaux du ménage). Croyez-vous que père ou mère auraient le temps de vous faire lire, écrire, compter, de vous faire apprendre des leçons et rédiger des devoirs ? *Tous diront :* non.

Alors, il vous faudrait travailler tout seuls, avec un livre, sans personne pour vous guider, pour vous corriger, pour vous expliquer ce que vous ne comprenez pas. Croyez-vous que, dans ces conditions, vous feriez beaucoup de progrès ?

Voilà pourquoi, dans tous les pays, on a imaginé l'école, maison commune où les enfants étudient tous les jours sous la direction d'un maître ou d'une maîtresse. Tandis que le maître ou la maîtresse s'occupe d'eux et les instruit, dix, vingt, trente papas peuvent gagner le pain de la famille, et les mamans surveiller le ménage.

Cours supérieur. — N'y a-t-il pas encore une autre raison pour préférer l'enseignement commun de l'école à l'enseignement individuel dans la famille ?

Figurez-vous que vous êtes toujours tout seul à travailler, tout seul pour lire votre livre, pour apprendre votre leçon, la réciter, tout seul pour faire votre problème et le vérifier. Serait-ce bien agréable ? Au contraire, en classe, on est plusieurs ; on entend les autres répondre, tantôt bien, tantôt mal. On a tout naturellement envie de les reprendre s'ils se sont trompés. On entend les observations que le maître leur adresse, et on en profite. On est ainsi aidé par les autres, et on les aide.

Il en est des études comme des jeux : on travaille et on s'amuse beaucoup mieux à plusieurs que tout seul. On s'excite les uns les autres, c'est ce qu'on nomme l'*émulation*. C'est une bonne rivalité.

Mais est-ce seulement de livres, de leçons, de problèmes, de dictées et de pages d'écriture qu'est remplie la vie de l'écolier ?

Pensez-y un peu : n'apprenez-vous pas autre chose à l'école, que vous n'apprendriez pas si bien chez vous, à vous tout seul ? Vous ne le trouvez pas ?

Vous êtes ici ensemble toute la journée, en classe, en récréation ; vous venez à l'école ou revenez à la maison par petits groupes. Vous apprenez à connaître vos camarades. Vous n'avez pas tous le même caractère, les mêmes goûts, les mêmes qualités ou les mêmes défauts : comment faites-vous pour vivre ensemble malgré ces diversités ? Vous n'y pensez même pas. Vous supportez la vivacité brusque de l'un, la lenteur de l'autre, l'esprit railleur de celui-ci, les taquineries de celui-là. Et chacun de vos camarades se charge, lui aussi, de vous remettre à votre place quand il vous arrive de le gêner. Ainsi, vous faites comme les cailloux de la rivière qui, à force de se frotter les uns contre les autres, se polissent.

Ici donc, outre tout le reste, vous apprenez à vivre. La nation, qui vous réunit ici, veut que vous y soyez chez vous. L'école est votre petit monde, votre cité à vous, j'allais dire votre petite république où, comme dans la grande, chacun doit quelque chose à tous et tous quelque chose à chacun.

Quand vous venez ici le matin, pensez que, dans la même ville, dans les mêmes campagnes, dans le même pays, des milliers, des centaines de milliers d'enfants font comme vous, vont à l'école. Et puis, pensez aux autres pays, à tous les pays du monde. Partout où il y a des hommes réunis en nation, dans le vieux continent ou dans le nouveau, par les sentiers des campagnes, par les rues des villes, dans les pays couverts de neige du nord de l'Europe, dans les pays brûlants de l'Afrique, il y a tous les jours des millions de petits enfants vêtus de manières diverses, parlant des langues différentes, appartenant à toutes les races humaines, qui cheminent ainsi, leurs livres sous le bras, allant à l'école.

Et si elle venait à cesser, cette immense procession d'écoliers, s'il n'y avait plus d'écoles ou plus d'écoliers ou si, par malheur, tous ces écoliers étaient des paresseux à qui l'on ne pourrait rien apprendre, ce serait le plus grand des malheurs qui puisse frapper l'humanité.

Vingt ans sans école dans le monde entier, et le progrès du monde s'arrêterait net. Et il faudrait recommencer par un effort inouï à regagner le temps perdu, pour empêcher le genre humain de retourner à l'état sauvage. Heureusement, cette catastrophe ne peut pas arriver.

Vive l'école, et vive l'écolier !

RÉSUMÉ

1. L'école est la maison commune des enfants.

2. L'école est le lieu où la nation instruit les enfants qui seront la nation de demain.

3. Par l'école, une seule personne peut instruire les enfants de plusieurs familles, tandis que les parents travaillent.

QUESTIONNAIRE

Pourquoi allez-vous à l'école ?

Qu'apprend-on à l'école ?

Aimeriez-vous mieux vous instruire tout seul qu'en commun avec des camarades ?

Qu'est-ce que l'émulation ?

Citez des cas où vos camarades se chargent de vous corriger de vos défauts.

LECTURE

L'enfant et le maître

Qu'il fait sombre dans cette classe !
Rien qu'un mur gris, un tableau noir,
Et toujours le même devoir !

Toujours, toujours ce même livre,
Et toujours ce même cahier !
Peut-on appeler cela vivre ?
Moi, je l'appelle s'ennuyer ! »
Ainsi parlait, dans son école,
Un petit écolier mutin.

Le maître alors prit la parole
Et lui dit : « Quoi ! chaque matin.
Toujours de cette même chaire.
Répéter la même leçon,
Enseigner la même grammaire
A ce même petit garçon,
Qui reste toujours, quoi qu'on fasse,
Ignorant, distrait, paresseux !
Lequel devrait, dans cette classe,
S'ennuyer le plus de nous deux ?... »

L. TOURNIER,
Les Premiers chants. (Hachette.)

MAXIMES DE LA SEMAINE

51. *L'enfant est une plante qu'il faut cultiver avec soin.*

52. *Ce sont les sots qui disent que l'âge de la jeunesse est fait pour qu'on s'amuse.* (JEAN-BAPTISTE SAY.)

53. *Heureux celui qui se dit en s'éveillant : « Je veux être aujourd'hui meilleur qu'hier. »* (FÉNELON.)

54. *Un âne qui travaille est une majesté à côté de l'homme fainéant.* (CHARLES WAGNER.)

55. *Si chaque année nous pouvions déraciner de notre âme seulement un vice, nous serions bientôt parfaits.* (IMITATION.)

DOUZIÈME LEÇON

Veux-tu développer ton intelligence? — D'abord, apprends à faire attention. — Ensuite, exerce ta mémoire.

Avez-vous remarqué comme le petit enfant apprend peu à peu à se servir de ses sens? L'avez-vous vu, par exemple, s'essayant à saisir les objets avec ses petites mains? Au commencement, le pauvre bébé ne sait pas s'y prendre, il fait toutes sortes de mouvements bizarres, il ouvre, il ferme son petit poing à tort et à travers, trop tôt ou trop tard pour empoigner la petite balle suspendue devant lui. Après bien des jours et des semaines de ces tâtonnements, il finit par savoir diriger ses gestes, remuer rapidement les doigts, atteindre, saisir, retenir les objets.

L'apprentissage dont le petit enfant a besoin pour le toucher, la vue, l'ouïe, il faut que vous le fassiez, vous qui êtes plus grands, pour votre *intelligence*.

Mais qu'est-ce que l'intelligence?

(Plus d'un élève, sans doute, lancera étourdiment une définition qui vous fera sourire, une sottise ou un non-sens, que les camarades souligneront d'une bruyante hilarité. Mais, songez-y, c'est précisément cet accueil qui réveillera l'enfant de sa torpeur intellectuelle. Piqué au vif, il se demandera pourquoi on se moque de lui. Il redressera ainsi lui-même sa pensée ou son langage. Il voudra comprendre : du coup, il voudra apprendre. Tout cela se fera sans phrases, sans un mot de vous : c'est un changement qui s'accomplit au fond de son esprit, sans qu'il s'en doute.)

L'intelligence — qui n'est pas la même chose que l'instinct — c'est le pouvoir que nous avons de *comprendre*, la faculté de *penser*.

Penser, ce n'est pas voir, entendre, toucher.

C'est un travail d'un tout autre genre. On pense à des choses qui ne se voient pas, ne se touchent pas. On pense à des personnes qui ne sont plus, à d'autres qui sont très loin de nous.

On pense même à des personnes qui n'existent pas encore, par exemple aux hommes qui vivront longtemps après nous, ou à des personnes qui n'existeront jamais, que nous nous représentons par l'imagination, quand on lit un conte de fées, par exemple.

On pense à des idées, qui n'ont pas de corps, mais qui, tout de même, nous intéressent, nous passionnent, lorsque, par exemple, on songe à la patrie, à la liberté, à l'honneur, au devoir. Direz-vous que tout cela n'est rien, parce que tout cela ne se laisse pas toucher matériellement comme la pierre ou le bois?

Il faut donc apprendre à penser sans avoir recours à ses yeux ou à ses mains. Il faut penser, comme on dit, de tête, par le travail du cerveau. C'est-à-dire qu'il faut arriver à remuer les idées aussi aisément que des objets matériels.

C'est ce que vous faites tous les jours dans le calcul. Vous maniez des nombres qui ne représentent pas une chose en particulier. Quand vous dites par exemple : « 3 fois 12 font 36 », si quelqu'un venait vous dire : « Je ne comprends pas. De quoi parlez-vous? 36, quoi? Des haricots? Des maisons? Des soldats? » vous lui ririez au nez, n'est-ce pas?

L'école est faite pour vous exercer à ce maniement des idées, qui est aussi naturel, aussi nécessaire à l'homme civilisé que le maniement des outils. Il faut arriver à voir, comme on dit, par les yeux de l'esprit.

Pour acquérir cette habitude de la pensée, cette vivacité de l'intelligence, savez-vous par où il faut commencer? Par faire *attention*.

Qui ne fait pas attention n'apprend rien; même s'il restait des années en classe, sans attention, il ne profiterait pas. L'attention, c'est un effort de l'esprit pour suivre non seulement une idée, mais l'enchaînement de plusieurs idées. Il faut, pour cela, écouter très soigneusement, suivre ce qui vous est dit avec la volonté de n'en rien perdre. Il faut surtout ne vous laisser distraire par rien d'autre.

Si pendant les quelques minutes de la leçon, vous ne vous imposez pas à vous-mêmes de ne pas penser à autre chose, si, tandis qu'on vous explique une page d'histoire, un problème ou une règle de grammaire, vous songez à une partie de billes ou à la promenade du dimanche, ce moment d'inattention aura un effet inévitable : votre esprit, occupé ailleurs, laissera tomber une partie des explications qu'il aurait dû recueillir. La leçon, alors, vous paraîtra aussi difficile à apprendre qu'elle vous aurait semblé facile si vous n'aviez pas gâché votre temps.

Mais ce n'est pas tout. Après l'*attention*, il faut la *mémoire*. Ce qu'on a compris, il faut le retenir, il faut s'en souvenir. Il y a même des choses qu'il faut « apprendre par cœur ».

— C'est bien difficile, dites-vous.

Écoutez ce que va répondre un petit camarade pas plus âgé que vous, mais qui, n'ayant ni père ni mère, avait dû apprendre de bonne heure à se tirer d'affaire tout seul.

Un jour, il tenait compagnie au petit Arthur, enfant maladif, à qui sa mère avait essayé de faire apprendre une jolie fable de Fénelon.

Voici les trois premières lignes de cette fable :

Des moutons étaient en sûreté dans leur parc. Les chiens dormaient. Et le berger, à l'ombre d'un grand ormeau, jouait de la flûte avec d'autres bergers voisins...

Peine perdue. Arthur se désole. Il répète toujours : « C'est trop difficile. »

« Mais non, dis-je à Arthur. C'est très facile au contraire. J'ai entendu ta maman lire la fable, et il me semble bien que je la sais, moi.

— Comment donc as-tu fait pour l'apprendre ?

— Je n'ai fait qu'écouter ta mère, mais je l'ai écoutée bien attentivement, sans regarder à droite ni à gauche pendant qu'elle lisait. »

Il rougit et détourna la tête, parce que, lui, n'avait cessé de promener ses yeux de tous les côtés.

« Mais enfin, dit-il, comment as-tu pu retenir tous ces mots ? »

Comment j'avais fait ? Je ne savais pas trop, mais enfin il fallait le lui expliquer. J'essayai donc.

« Voyons, lui dis-je. De quoi s'agit-il dans cette fable ? De moutons. Je pense à ce qu'ils font : « *Des moutons étaient en sûreté dans leur parc.* » Je vois les moutons couchés et dormant dans leur parc, puisqu'ils sont en sûreté; et, les ayant vus, je ne les oublie plus.

— Bon, dit-il, je les vois aussi : « *Des moutons étaient en sûreté dans leur parc.* » J'en vois des blancs et des noirs, je vois des brebis et des agneaux. Je vois même le parc : il est fait de claies.

— Alors, tu ne l'oublieras plus?

— Oh! non.

— Ordinairement, qui est-ce qui garde les moutons?

— Des chiens.

— N'ayant pas besoin de garder les moutons, qui sont en sûreté, que font les chiens?

— Ils n'ont rien à faire.

— Alors, ils peuvent dormir, nous disons donc : « *Les chiens dormaient.* »

— C'est cela; oui, c'est facile.

— N'est-ce pas que c'est facile? Maintenant, avec les chiens, qui est-ce qui garde les moutons?

— Un berger.

— Si les moutons sont en sûreté, le berger n'a rien à faire : à quoi celui-ci peut-il employer son temps?

— A jouer de la flûte.

— Le vois-tu?

— Oui.

— Où est-il?

— A l'ombre d'un grand ormeau.

— Il est seul?

— Non, il est avec d'autres bergers voisins.

— Alors, si tu vois les moutons, le parc, les chiens et le berger, est-ce que tu ne peux pas répéter sans faute le commencement de notre fable?

— Il me semble.

— Essaie. »

En m'entendant parler ainsi, Arthur me regarda avec quelque crainte, comme s'il n'était pas convaincu de la vérité de ce que je lui disais; cependant, après quelques secondes d'hésitation, il se décida.

Alors, frappant ses mains l'une contre l'autre :

« Mais je sais! s'écria-t-il, je n'ai pas fait de faute. Ah comme maman sera contente! »

F. Buisson. — *Leçons de Morale.*

Et il se mit à apprendre le reste de la fable, comme il avait appris sa première phrase.

En moins d'un quart d'heure, il la sut parfaitement, et il était en train de la répéter sans faute lorsque sa mère survint derrière nous.

Je ne saurais dire qui fut le plus heureux de ce succès : le fils ou la mère.

RÉSUMÉ

1. L'homme doit cultiver son intelligence. Il faut qu'il apprenne à se servir de son esprit aussi bien qu'à se servir de ses sens.

2. La première condition pour développer son intelligence, c'est l'*attention*.

3. Il ne suffit pas d'avoir appris : il faut retenir. C'est l'œuvre de la *mémoire*.

4. Quand on fait bien attention, on comprend. Et quand on a compris, on ne l'oublie plus.

MAXIMES DE LA SEMAINE

56. *La paresse rend tout difficile, le travail rend tout aisé.* (FRANKLIN.)

57. *Celui qui s'écoute parler écoute toujours un sot.* (Proverbe.)

58. *Le fruit du travail est le plus doux des plaisirs.* (VAUVENARGUES.)

59. *Pensez deux fois avant de parler, et vous parlerez deux fois mieux.*

60. *L'homme digne d'être écouté est celui qui ne se sert de la parole que pour la pensée, et de la pensée que pour la vérité et la vertu.* (FÉNELON.)

TREIZIÈME LEÇON

Veux-tu apprendre à juger, à raisonner, à réfléchir?

Cours élémentaire. — Un enfant voit une chose qu'il n'avait pas encore vue : une voiture qui marche sans cheval pour la traîner. Il la regarde, il l'observe, il constate qu'elle marche, et même très vite. Voilà tout ce que ses yeux pourront lui apprendre. Et la voiture disparaît dans un tourbillon de poussière.

Alors, tout est fini? Au contraire, c'est alors que tout commence. Ce qui est fini, c'est le travail des yeux, ce qui commence, c'est le travail de l'esprit.

Mais qu'est-ce que l'esprit peut bien chercher encore? Il va *juger*, il va s'expliquer ce que vous avez vu. Et, pour y parvenir, il se pose invariablement deux questions que vous connaissez bien.

L'une c'est : *Pourquoi?* L'autre : *Comment?*

Pourquoi la voiture marche-t-elle? Car, enfin, c'est une grosse et lourde masse. Elle ne se déplace pas d'elle-même. Il faut que quelque chose la tire ou la pousse, la mette en *mouvement*. L'enfant *juge* donc qu'il y a une force *motrice*, un *moteur* qui produit ce *mouvement*.

Comment le produit-il? Il se répond à lui-même : Comme dans les chemins de fer. Car il sait déjà que la vapeur peut servir de force motrice. Il a vu plus d'une fois une bouillotte devant le feu : quand l'eau bout, la vapeur qui s'échappe est assez forte pour soulever le couvercle. Une quantité de vapeur beaucoup plus considérable peut donc faire tourner les roues des wagons, et faire marcher tout le train.

La première fois qu'il en aura l'occasion, l'enfant demandera qu'on lui montre le moteur installé dans l'automobile. Il ne comprendra pas tout le détail du mécanisme, mais il en aura une première idée. C'est un commencement.

Cours moyen. — Qu'est-ce que l'enfant a dû faire pour acquérir cette idée? D'abord, sans doute, voir, regarder très attentivement. Mais, ensuite, il a dû penser, retourner la chose dans son esprit. Il a dû raisonner. Là, il n'y a plus aucun travail des sens : il n'y a plus rien à voir de ses yeux, ni à toucher de ses mains. Il faut se représenter — par la seule force de l'*esprit* ou de l'*intelligence* ou de la *raison* — des choses qui ne tombent pas sous les sens. Il faut les rattacher l'une à l'autre, l'une étant la *cause*, l'autre l'*effet*, la première produisant nécessairement la seconde. C'est par le seul effort de la pensée qu'il découvre et cette *cause* et cet *effet*, que ses yeux ne lui montrent pas.

Je vais vous en donner quelques exemples.

Pour les trois cours. — Le premier est raconté par un de nos grands écrivains du XVIIIe siècle, Jean-Jacques Rousseau.

Un grand seigneur anglais avait mis son fils en pension chez un professeur en Suisse. Il vient, au bout de quelque temps, pour voir par lui-même où en est l'éducation de l'enfant. Vous diriez, vous, qu'il vient lui faire passer un examen. Vous pensez peut-être qu'il va lui faire faire des dictées, des problèmes. Non, il prend son fils avec lui, ils vont faire une promenade dans les champs. C'était par une belle journée de grand soleil. Chemin faisant, le père remarque dans la prairie qu'ils traversaient une petite ombre mouvante qu'il reconnaît pour être celle d'un cerf-volant. Il la montre à son fils et lui dit : « Où est le cerf-volant dont voici l'ombre ? »

L'enfant réfléchit une seconde. Et, sans se retourner, sans lever la tête vers le ciel, il répond : « Le cerf-volant est sur le grand chemin, à notre gauche. » Et, en effet, le grand chemin se trouvait entre le soleil et les promeneurs.

Et le père ne poussa pas plus loin l'examen. Il remercia vivement le maître : il était content de son fils. Pourquoi ? Qui veut me le dire ?

Si une pareille question vous avait été posée, quel aurait été votre premier mouvement ? — De lever le nez en l'air, de regarder où était le cerf-volant. Le petit Anglais, plus maître de lui, capable de juger avec sang-froid et de raisonner juste, ne broncha pas. Il se dit : « L'ombre est de ce côté-ci ; donc, le cerf-volant est du côté opposé : il est entre nous et le soleil. Il y a là un grand chemin, où sont sûrement les enfants qui ont lancé le cerf-volant. » C'est un petit bout de raisonnement très simple, vous le voyez. Mais, vous, l'auriez-vous fait? Auriez-vous résisté à la tentation de regarder étourdiment, à droite et à gauche, au lieu de regarder en vous-mêmes?

Voici un autre exemple de ce qu'on peut trouver par la seule puissance du raisonnement. Je l'emprunte à un conte de Voltaire.

« Zadig vit un jour plusieurs officiers qui couraient çà et là comme des hommes qui cherchent ce qu'ils ont perdu de plus précieux. — Jeune homme, lui dit l'un d'eux, n'avez-vous point vu le chien de la reine? — C'est une chienne et non pas un chien, répondit Zadig. — Vous avez raison, dit l'officier. — C'est une épagneule très petite, ajouta Zadig : elle boite du pied gauche de devant, et elle a les oreilles très longues. — Vous l'avez donc vue, s'écria l'officier. — Non, je ne l'ai jamais vue, et je n'ai jamais su si la reine avait une chienne. »

« On ne douta pas qu'il ne fût un voleur, et on le conduisit devant les juges. »

Avouez, mes enfants, que vous pensez un peu comme les officiers. Est-il possible de décrire si minutieusement un animal sans l'avoir vu?

Devant les juges, Zadig s'explique. Il se promenait dans un petit bois dont le sol était une couche profonde de sable très fin. « Sur ce sable, dit-il, j'ai vu les traces d'un petit chien. » C'était facile, le sable étant très mou, très léger, de sorte que les pattes y enfonçaient. Puis, entre les traces des pattes, il remarque des sillons légers et longs marqués de loin en loin, surtout aux endroits où le sable formait comme de petits tas, il conclut que ce devait être une chienne dont les mamelles étaient pendantes, comme il arrive quand ces bêtes allaitent leurs petits nouvellement nés.

En dehors des pattes, à côté de celles de devant, il observe à droite et à gauche deux petites traces faites par un objet effleurant légèrement le sable. Ce ne peuvent être, se dit-il, que les oreilles de la chienne qui traînent presque jusqu'à terre et qui se marquent dans le sable quand elle y enfonce.

Enfin, remarquant que le sable est toujours moins creusé là où se posait la patte gauche de devant, c'est donc que là chienne appuyait moins sur cette patte que sur les trois autres : « J'ai compris, dit-il, que la chienne était boiteuse. » Tous les juges admirèrent le profond et subtil discernement de Zadig.

Et vous aussi, n'est-ce pas? Mais pour découvrir tant de choses par le raisonnement, il faut avoir pris une habitude : celle de *réfléchir*. Qu'est-ce que la *réflexion*? C'est le travail qui s'accomplit dans notre tête après qu'un de nos sens nous a signalé un fait quelconque. Au lieu d'en rester là, l'esprit humain, plus curieux et plus actif que l'instinct animal, examine le fait, le tourne et le retourne jusqu'à ce qu'il s'en rende parfaitement compte et en découvre le *pourquoi* et le *comment*. C'est un travail qui peut s'appliquer à tout, même aux contes de fées. Exemple :

Un monarque tout-puissant avait fait faire par un grand artiste vingt vases de porcelaine d'un très grand prix et d'une beauté incomparable. Il y tenait plus qu'à aucun autre de ses trésors. Un jour, la servante chargée de garder ces coupes précieuses eut le malheur, en les époussetant, d'en laisser tomber une, qui se cassa. Quand le monarque apprit cette nouvelle, il entra dans une colère terrible. Furieux, il décida que sa servante serait punie de mort. Mais le bruit de cet accident s'était répandu dans la ville. Un homme se présente au palais. Il avait, disait-il, un secret pour réparer le vase brisé. C'était un savant très honoré de tout le peuple. Le roi, avisé de sa demande, consent à le laisser essayer.

L'homme est conduit au Musée où gisaient les débris de la coupe. Dès qu'il fut seul, l'homme se dirigea vers les dix-neuf vases restants et, à grands coups de bâton, les fait voler en éclats.

On accourt, on le saisit. On le mène devant le roi. « Misérable, qu'as-tu fait? lui dit le roi.

— O roi, répond-il, je t'ai évité un grand malheur. Puisque tu fais périr cette femme pour avoir cassé un seul de ces vases, tu aurais pris dix-neuf vies pour les autres qui, un jour ou l'autre, viendront à être brisés. Tu n'en auras qu'une : la mienne. »

Ces paroles émurent le monarque. Il remercia l'homme et fit grâce à la servante.

Voilà le conte. A vous maintenant de *réfléchir*.

RÉSUMÉ

1. C'est un devoir pour l'homme de développer son intelligence en l'exerçant à bien *penser*, à bien *juger*, à bien *raisonner*.

2. La réflexion est l'attention qu'apporte l'esprit à bien conduire sa pensée suivant les lois de la raison.

QUESTIONNAIRE

Faire expliquer par les enfants, en termes familiers, ces trois mots : penser, juger, raisonner. (Exemples.)

Faire raconter, en s'assurant qu'elles sont bien comprises, ces trois petites histoires qui donneront lieu à des questions très utiles pour aiguiser l'intelligence des élèves.

MAXIMES DE LA SEMAINE

61. *Aimez la science, respectez-la : c'est la meilleure amie du peuple.* (E. RENAN.)

62. *Les grandes pensées viennent du cœur.* (VAUVENARGUES.)

63. *École de mon pays, je t'apporte mon âme : tu en feras une âme française, une âme humaine!* (L. DEMES.)

64. *L'homme n'est qu'un roseau, le plus faible de la nature, mais c'est un roseau pensant.* (PASCAL.)

65.   *Chaque enfant qu'on instruit*
    Est un homme qu'on gagne.

                     (VICTOR HUGO.)

QUATORZIÈME LEÇON

II. — Veux-tu te faire un esprit capable de penser ?

Vous avez remarqué, mes enfants, par où j'ai commencé.

Je vous ai demandé d'abord de soigner... Quoi ?...

Votre corps. C'est cela. Et puis je suis allé plus loin et je vous ai recommandé de soigner de même et s'il se peut, et mieux encore... quoi ?...

Votre esprit ! très bien, car votre esprit est fait pour penser, comme votre corps pour se mouvoir et pour agir. Je vous ai donc demandé d'apprendre d'abord à *faire attention*, à *retenir* par la mémoire ce que vous avez appris, et puis d'apprendre à *juger*, à *raisonner*, d'une manière générale, à *réfléchir*.

Mais vous dites tout bas : « Est-ce possible, tout ce que notre maître nous demande là ? Pourrons-nous jamais en venir à bout ? »

Pour toute réponse, je vais vous raconter une histoire qui est absolument vraie.

C'est celle d'un garçon boulanger, qui est devenu général de Napoléon. Écoutez. Et vous me direz ce que vous en pensez.

Il s'appelait Antoine Drouot. Ses parents, qui habitaient Nancy, étaient très pauvres. Ils avaient réussi à tenir une petite boulangerie qui les faisait vivre, mais à condition de travailler sans relâche. Ils eurent douze enfants, dont le petit Antoine était le troisième.

Cet enfant eut de très bonne heure un goût extraordinaire pour l'étude. On raconte que, n'ayant pas encore quatre ans, il alla un jour frapper à la porte de l'école. Le maître, qui vint ouvrir, fut surpris de voir un bambin qui ne pouvait pas encore atteindre le loquet de la porte. « Que veux-tu ? » lui demanda-t-il. L'enfant murmura qu'il voulait faire comme les autres, aller en classe. « Tu es trop jeune, dit le maître, va jouer. » Et le gamin de pleurer à chaudes larmes.

Quelques mois après, on l'admit ; il était encore le plus jeune de l'école. Mais il travailla si bien, il apprit si vite qu'après quelques années passées à cette petite école primaire, il suppliait son père de l'envoyer au collège.

Le père aurait bien voulu lui faire plaisir, mais il fallait faire vivre la famille. Pour cela, il fallait demander aux enfants, dès qu'ils étaient un peu grands, d'aider au travail de la boulangerie. Antoine portait le pain chez les clients ; plus d'une fois, il apprit ses leçons en route.

Avouez que ce n'était pas commode. Je suis sûr que plus d'un d'entre vous y renoncerait, trouvant la chose trop malaisée. Lui, il n'y renonça pas. Il faisait ses devoirs dans un coin de la boutique, au milieu du bruit, souvent gêné par les allants et venants, par les frères et sœurs.

Encore, s'il n'y avait eu que cela ! Mais on était pauvre. Par économie, on éteignait les chandelles le plus tôt possible. La nuit, on se levait à deux heures pour allumer le four. Plus d'une fois, le petit Antoine n'eut, pour lire ses livres d'étude, que la lumière du four. Avouez qu'il faut avoir terriblement envie de s'instruire pour en venir à bout dans de pareilles conditions !

Il s'obstina, persévéra tant et si bien qu'il put suivre quelques classes du collège et pousser très loin ses études, tout en se rendant très utile à la boulangerie. Il continua cette double vie d'étudiant et de porteur de pain jusqu'à l'âge de seize ou dix-sept ans. Là, il lui arriva une aventure qu'il a racontée lui-même bien des années après. Je vais vous lire son récit sans y rien changer :

« Un jour, je lus une affiche qui prévenait les jeunes gens qu'un examen pour entrer dans l'artillerie devait avoir lieu à Metz. J'obtins de mon père la permission d'y aller.

« Ma famille n'était pas riche, et je reçus six francs pour faire mon voyage. Je partis, bien entendu, à pied. » (Il y a une cinquantaine de kilomètres entre les deux villes de Nancy et de Metz.)

« Arrivé à Metz, j'allai tout droit dans la salle où se passaient les examens. J'y fus reçu par un immense éclat de rire. Il faut dire que j'étais petit, maigre, chétif, que je me présentais tout poudreux encore de la route, un bâton à la main et chaussé de gros souliers.

« Un peu interdit, je m'arrêtai, lorsque l'examinateur me dit avec une bonté qui me rendit un peu de courage : « Vous

vous trompez sans doute, mon ami ? que demandez-vous ?

— Je voudrais subir l'examen, monsieur. »

« Un nouvel éclat de rire retentit dans la salle.

« — Mais, reprit l'examinateur, vous savez que c'est un examen pour l'artillerie : vous connaissez donc les matières indiquées au programme ?

— Monsieur, je les ai étudiées.

— Eh bien, mon ami, asseyez-vous, et lorsque votre tour viendra, je vous appellerai. »

« J'allai m'asseoir dans un petit coin, poursuivi par les rires moqueurs. Cependant, j'écoutais les questions de l'examinateur, les réponses de ces jeunes gens, et le courage me revenait, car je me disais : j'en sais bien autant qu'eux.

« Enfin, mon tour arriva. La salle, qui s'était dégarnie, fut bientôt pleine de curieux qui venaient assister à l'examen du petit paysan.

« L'examinateur commença par me demander les principes de l'arithmétique ; il poursuivit ses questions, et bientôt je le vis s'arrêter et me demander, étonné : « Où avez-vous suivi votre cours de mathématiques ?

— J'ai presque toujours travaillé seul, monsieur », lui répondis-je.

« Mon examen dura deux heures. Lorsqu'il fut terminé, l'examinateur se leva, vint m'embrasser et me dit : « Recevez mon compliment : dès aujourd'hui, vous pouvez vous considérer comme faisant partie du corps de l'artillerie. »

« Un plus grand honneur m'attendait encore : les jeunes gens qui m'avaient accueilli le matin avec des huées m'entourèrent et, malgré moi, me portèrent en triomphe dans les rues de Metz. Ce fut le plus beau jour de ma vie. »

« L'examinateur aussi s'en souvint. C'était un grand savant, l'illustre mathématicien Laplace. Vingt ans après, il disait à l'Empereur : « Un des plus beaux examens que j'aie vu passer dans ma vie, c'est celui de votre aide de camp, le général Drouot. »

Qu'en dites-vous, mes enfants ?

(Il faut encourager les élèves à faire tout haut, très librement leurs réflexions, leurs questions ; ne pas insister sur ce qu'elles peuvent avoir de naïf et de désordonné. Leur rappeler à propos

(le cet exemple, ce qu'on a dit précédemment de l'effort et de la persévérance dans l'effort.)

Pourquoi vous ai-je cité cet exemple ? C'est pour vous montrer, d'une façon éclatante, qu'il est possible de surmonter des difficultés qui semblent insurmontables, du moment qu'on est fermement résolu à s'instruire. Mais, rassurez-vous : on ne vous demandera ni d'apprendre vos leçons à la clarté du four, ni de devenir artilleurs, ni d'être le général Drouot.

Ce qu'on vous demandera à tous, c'est tout simplement d'écouter, de vous appliquer, de ne pas permettre à votre imagination de l'emporter sur votre raison. Petit à petit, jour après jour, leçon par leçon, vous fortifiez votre intelligence. Vous vous habituez à ce beau travail de la pensée qui, au bout de quelques années, vous charmera, vous enchantera, vous conduira joyeusement à des études dont vous n'avez pas encore la moindre idée. C'est ce qui est arrivé non seulement au jeune Drouot, mais à des centaines d'enfants qui, fils de la campagne et de famille pauvre comme vous, sont devenus des hommes utiles à leur pays et à l'humanité.

RÉSUMÉ

1. Retenez cette maxime d'un des sages de la Grèce antique : *Tant que tu vivras, cherche à t'instruire.* Retenez aussi ce mot de Pascal : *Toute notre dignité consiste en la pensée.* Travaillons donc à bien penser, voilà le principe de la morale.

LECTURE

Bienfaits de l'instruction.

Quoi que l'on puisse dire, la véritable science et les études solides qui y conduisent, seront toujours estimées, même par les ignorants.

Il n'y a personne qui ne fasse cas d'un homme qui parle

bien sa langue et qui l'écrit correctement ; qui est bien instruit des institutions de son pays ; qui sait bien conduire ses affaires et donner aux autres de bons conseils ; qui raisonne juste de toutes les choses qu'il connaît et sait faire tellement valoir ses raisons qu'il amène les autres à son sentiment.

On ne pourra s'empêcher d'avoir de l'estime pour un tel homme, et on poussera jusqu'à l'admiration, s'il a de plus la connaissance de plusieurs langues, si, connaissant l'histoire de son pays et des pays voisins, il sait démêler les intérêts des princes à l'origine de leurs prétentions, s'il connaît la géographie, le système du monde et l'histoire naturelle, s'il sait les mathématiques, s'il a une grande connaissance des arts utiles à la vie ou même de ceux qui la rendent plus agréable comme la peinture, la musique et la poésie.

La Bruyère.

MAXIMES DE LA SEMAINE

66. *L'ignorance est la plus dangereuse des maladies et la cause de beaucoup d'autres.* (Bossuet.)

67. *Plus on est ignorant, moins on s'en aperçoit.*

68. *On rougit de ne pas savoir : on ne rougit jamais d'apprendre.*

69. *Laissez dire les sots : le savoir a son prix.*

(La Fontaine.)

70. *Les sciences sont des serrures dont l'étude est la clef.* (Proverbe arabe.)

QUINZIÈME LEÇON

Sais-tu parler? Sais-tu ce que c'est que de parler?

Cours élémentaire. — Quels sont ceux d'entre vous, mes enfants, qui savent parler? (Rire des élèves.) Il ne s'agit pas de rire. Qui est-ce qui sait parler? (Moi, moi, crient-ils tous en levant la main.) Tous, à ce que je vois. Très bien, mais quelle langue parlez-vous? — Le français, vous dites bien.

Et que pouvez-vous dire en français? — Tout? Comment; tout ce que vous pensez, tout ce qui vous vient à l'esprit, toutes les *idées* que vous avez. Mais c'est à mon tour de m'étonner. Ces *idées*, cela n'a pas de corps, comment pouvez-vous les saisir? Comment pouvez-vous les faire passer de votre cerveau dans le cerveau de ceux qui vous écoutent? Comment pouvez-vous les faire entrer dans une longue chaîne de jugements, de raisonnements, de réflexions? Comment pouvez vous vous reconnaître au milieu de toutes ces idées?

Prenons un exemple. A présent, par exemple, je pense à un ami qui est très loin d'ici. Je me rappelle sa demeure, où je suis allé, il y a bien longtemps, mais j'en ai gardé le souvenir. Je pense aux belles promenades que nous faisions ensemble. Il me semble revoir la route dans la forêt, les grands chênes, la montagne au fond dans le lointain. Mais, tout cela, c'est pour moi tout seul. Vous avez beau écouter, regarder, vous ne savez rien, vous n'entendez rien de ce qui se passe en moi. Vous ne pouvez pas lire dans mon esprit. A quel moment pouvez-vous découvrir ma pensée? Quand est-ce que vous la saisirez?

Un élève me le dit : « Quand vous parlerez! »

Ah! voilà qui est nouveau, voilà la grande invention qui donne à l'humanité une puissance merveilleuse. Sans la parole, sans le langage. idées, pensées, jugements, raisonnements, rien de tout cela ne verrait le jour, personne n'en saurait rien, et l'homme lui-même n'en garderait pas la trace.

Le langage lui apprend à désigner chaque chose par un son qui la représente. Vous avez appris ces sons, vous ne les oublierez plus de toute votre vie, et c'est par le moyen de ces sons que vous arrivez à communiquer avec les autres.

J'avais donc bien raison de dire que vous voilà en possession d'une puissance merveilleuse.

Cours moyen. — Mais le langage est-il bien une invention du genre humain? Est-ce que les animaux n'ont pas déjà, eux aussi, un certain langage?

Regardez nos animaux domestiques, ceux de l'étable, ceux de la basse-cour; ne nous font-ils pas comprendre ce qu'ils désirent? Un chien qui part en promenade ou à la chasse avec son maître ne crie-t-il pas sa joie aussi clairement que le chien enfermé, qui voudrait sortir, exprime sa tristesse par un murmure plaintif? Ne devine-t-on pas chez tout animal la peur, la colère, le plaisir, l'envie de jouer, l'impatience, la douleur, par ses gestes, par ses regards, par les divers accents de sa voix?

Quelle différence y a-t-il donc entre le langage humain et le langage animal?

Écoutez le chien aboyer, la vache mugir, le cheval hennir ou même les oiseaux chanter. Tous ces animaux répètent, répètent sans fin le même son qui se prolonge sans changement. Nous, au contraire, au lieu d'émettre un son unique et toujours le même, nous le décomposons en une multitude de sons très courts, très distincts les uns des autres. C'est ce qu'on appelle *articuler*, ce qui veut dire couper une chose — ici, par exemple, le son de notre voix — en petits articles, c'est-à-dire en petits morceaux différents.

Est-ce une grande science de savoir dire BA, BE, BI, BO, BU? Vous riez. C'est pourtant une science que pas un animal ne peut atteindre. Il n'y en a pas un, non pas un, qui soit capable de prononcer séparément BA ou BE, MI ou MU. Les hommes seuls ont un langage *articulé*.

Cours moyen et cours supérieur. — L'espèce humaine s'est servie de cette facilité qu'elle a de distinguer tous les sons et de les reproduire à volonté pour fixer sa pensée et pour la communiquer à autrui.

D'abord, à l'aide de ces sons, ils ont fabriqué des *mots*, dont chacun a un sens, dont chacun *signifie* quelque chose, c'est-à-dire est le *signe* qui fait penser à tel objet et non à tel autre. Chaque être, chaque chose, chaque fait, a ainsi son nom. Toutes les fois que nous prononçons le mot « *père* », nous pensons, et ceux qui nous entendent pensent avec nous, à un chef de famille. Si nous disons « *maison* », chacun, aussitôt, s'en représente une. Et si nous disons « *orage* », nous croyons entendre le tonnerre gronder et la pluie tomber à verse.

Ainsi les hommes ont entrepris de donner un nom à tout objet qu'ils voient ou qu'ils conçoivent. C'est comme une étiquette qui servira à le faire reconnaître entre tous. Mais il y a des milliers et des milliers de choses dans le monde, sans doute, et c'est pour cela qu'il a fallu inventer des milliers de mots pour les nommer.

Mais, est-ce tout?

Ces objets, ces êtres, ces faits de toute espèce, il faut dire comment ils nous apparaissent, il y en a de grands et de petits, de forts et de faibles, de beaux et de laids, de bons et de mauvais. Il faudra imaginer des signes, c'est-à-dire encore des mots pour marquer ces diverses qualités.

Et puis, les hommes ont imaginé de compter les objets, et il a fallu donner à chaque nombre un nom.

Et puis, ils ont voulu exprimer toutes les actions qu'ils peuvent faire ou voir faire, et ils ont imaginé des verbes pour marquer les états du corps (comme *marcher*, *courir*, *sauter*, *tomber*, *dormir*), ou de l'esprit (comme *penser*, *se souvenir*, *prévoir*), ou du cœur (comme *aimer*, *haïr*, *espérer*, *craindre*), etc.

Et tous ces mots, noms (qui sont propres à un seul individu, ou communs à plusieurs êtres semblables), adjectifs, verbes, ils en ont varié la force par de toutes petites différences qui suffisent à faire savoir s'il s'agit d'un seul ou de plusieurs, si la chose se passe dans le présent, le passé ou l'avenir; si on l'affirme, si on la nie, si on la commande, si elle dépend d'une autre, et mille autres nuances aussi.

Voilà, mes enfants, l'admirable instrument dont l'école vous apprend à faire usage. Voilà ce qu'est le langage humain, cette merveille qui met à votre disposition les moyens illimilles de vous instruire et d'instruire les autres. Sans la langue, pas de civilisation possible.

Il existe sur la terre plusieurs langues qui rivalisent de richesse et de beauté. La langue française est à nos yeux celle qui l'emporte sur toutes les autres.

RÉSUMÉ

1. L'homme ne pourrait ni fixer sa pensée, ni la communiquer aux autres, s'il ne possédait le don de la parole.

2. Le langage humain diffère du langage animal, en ce qu'il se compose de sons articulés, dont nous formons des mots ayant chacun son sens.

3. Le langage est l'instrument indispensable de la civilisation, le lien de toute société humaine.

QUESTIONNAIRE

Comment les animaux font-ils connaître leurs besoins, leurs désirs, leur souffrance?

Quelles différences voyez-vous entre le cri et la parole? entre le langage animal et le langage humain?

Connaissez-vous des animaux à qui l'on puisse faire apprendre à prononcer BA, BE, BI, BO, BU?

Qu'entend-on par des sons inarticulés et des sons articulés? Donnez des exemples.

Comment l'homme arrive-t-il à désigner tous les objets? Qu'est-ce qu'un nom? un adjectif? un verbe?

La société humaine, telle que nous la connaissons, pourrait-elle exister sans le langage? Pourquoi?

LECTURE

La langue française.

La langue française est harmonieuse. Elle est douce à l'oreille. Elle se prête tour à tour à exprimer les sentiments les plus fiers ou les nuances les plus fines de l'esprit et du cœur. Depuis la causerie la plus simple jusqu'à la poésie la plus haute, jusqu'à la passion la plus ardente, elle sait tout dire; elle a la grâce et la majesté. Mais elle possède une qualité supérieure encore à toutes celles-là. Elle est claire, nette et précise : il n'en est pas où la pensée se montre plus à jour et où l'on voit mieux ce que vaut une idée. Elle est l'ennemie de l'emphase, de la déclamation, du galimatias, elle est impitoyable pour toutes les équivoques.

C'est pour cela que la langue française est par excellence la langue de la science; c'est pour cela qu'elle a été choisie dans les divers pays de l'Europe comme la langue internationale, la langue de la diplomatie, la langue dans laquelle on rédige les traités; parce qu'elle est de toutes la plus lumineuse, celle où l'on dit le mieux ce que l'on veut dire, où il est le plus difficile aux malhonnêtes gens de tromper les autres.

CHARLES BIGOT.

MAXIMES DE LA SEMAINE

71. *La vie est une éducation incessante, il faut tout apprendre, depuis parler jusqu'à mourir.* (FLAUBERT.)

72. *La bonne humeur met un rayon de soleil sur les fronts les plus noirs.*

73. *La vie n'est ni un jour de fête ni un jour de deuil : c'est un jour de travail.* (VINET.)

74. *Nul n'est heureux, s'il ne jouit de sa propre estime.* (J.-JACQUES ROUSSEAU.)

75. *Il est bon de parler et meilleur de se taire.*

Mais tous deux sont mauvais alors qu'ils sont outrés.

(LA FONTAINE.)

SEIZIÈME LEÇON.

As-tu horreur du mensonge?

Pour les trois cours. — Avez-vous réfléchi, depuis l'autre jour, à cette merveilleuse invention du langage qui a permis de fonder la société humaine?

Mais supposez qu'un de ces hommes à qui la parole est donnée pour faire connaître la vérité, au lieu de nous la dire, dise exactement le contraire.

Il avait promis, étant membre de la famille humaine, d'employer le langage qu'on lui a appris pour représenter fidèlement ce qu'il voit, ce qu'il pense, ce qu'il a fait ou veut faire.

Mais pas du tout. Nous avions cru à sa parole, car la parole n'est pas autre chose que l'image de la pensée. C'est comme une photographie qui la reproduit exactement. Or, il nous en présente une image fausse, il l'a faussée à dessein, il l'a dénaturée en cachette, il lui fait dire le contraire de ce qui est, il nous trompe, il agit comme le faux monnayeur qui fait semblant de nous donner une pièce d'or. Il agit comme le faux témoin qui sait très bien ce qui s'est passé, qui l'a parfaitement vu, mais qui affirme avoir vu tout le contraire. A un homme qui abuse ainsi de la parole, on a le droit de dire qu'il nous a tendu un piège; il a triché, il a fraudé, il n'a plus notre estime.

Mentir, c'est trahir l'humanité. Car la base de tous les rapports entre les humains, c'est la confiance. Et le menteur tue la confiance.

Pour le cours supérieur. — Il ne faut pas parler du mensonge comme des autres fautes que nous pouvons commettre. Il y a des fautes qui sont dues à l'étourderie, à la légèreté, à un oubli momentané, à un manque d'attention ou de surveillance sur soi-même, à l'entraînement d'une passion. Ce sont des accidents dont on peut se corriger immédiatement et qui ne laissent pas de trace profonde.

Le mensonge est une faute préméditée, calculée, étudiée. On ment par vanité, d'abord : c'est un simple égarement qu'il n'aurait aucune suite, si à l'instant même on riait au nez du menteur. Mais, si, par malheur, il réussit à se faire prendre au sérieux une première fois, le voilà engagé dans un engrenage ; il recommence, il invente des traits nouveaux. Il en prend l'habitude. Il a conté une histoire, il faut qu'il y persiste. Que quelqu'un lui fasse une objection, il ajoute un nouveau mensonge à l'appui du premier. Inévitablement, il se contredit. On le lui fait remarquer. Il imagine alors n'importe quoi pour se tirer d'embarras. « Celui qui commence à mentir ne se rend pas compte de la tâche qu'il entreprend », il est forcé d'inventer vingt mensonges pour soutenir le premier. On a dit, par une comparaison spirituelle : « Voiler une faute par un mensonge, c'est remplacer une tache par un trou. »

À force de s'endurcir dans cette pratique, qui a commencé par un jeu, le coupable en vient à une habitude si malpropre qu'elle le déshonore à ses propres yeux aussi bien qu'aux yeux d'autrui.

On vous dira peut-être : « Ce n'est rien, tant qu'il s'agit de petits mensonges sans gravité. »

Chers enfants, retenez bien ceci : *il n'y a pas de petits mensonges*. Le mensonge, même s'il porte sur une bagatelle, n'est jamais une petite chose, car c'est toujours une chose grave que de toucher à un poison, même pour n'en prendre qu'une gorgée, ou de mettre le feu à la maison, même avec une allumette, ou de se couper une veine, même avec un petit canif.

Voilà un tout jeune enfant qui ment pour la première fois. Savez-vous le plus grand malheur qui puisse lui arriver ? C'est qu'on ne s'aperçoive pas de sa faute, qu'il ne s'en aperçoive pas lui-même, qu'il n'en soit pas puni. Il recommencera une seconde, une troisième, une dixième fois. Et le voilà en train de prendre la plus dangereuse des habitudes. Si l'on ne parvient pas à réveiller sa conscience, à la secouer rudement, il va tomber, tomber toujours plus bas, il va se perfectionner dans le mensonge : il deviendra, hélas ! un habile menteur. Croyez-vous que ce soit un bonheur pour lui ? Rien de plus affreux à voir qu'un enfant qui ment couramment.

Histoire d'une petite hachette.

En 1876, les États-Unis d'Amérique célébraient le centenaire de leur Indépendance. En souvenir de ce grand événement, avait lieu dans la ville de Philadelphie la première exposition universelle. Parmi les milliers de visiteurs, on remarquait un grand nombre d'élèves des écoles primaires. Et l'on fut surpris de voir que ces enfants, filles et garçons, portaient, soit suspendu au cou comme une médaille, soit attaché en manière de breloques, soit comme bijou piqué à leur cravate, un petit objet brillant. Qu'était-ce ? Une toute petite hachette en métal argenté. Les étrangers regardaient : Pourquoi cette hachette ? Et pourquoi tous ces enfants ont-ils l'air d'y tenir, comme à un talisman ? Il faut que je vous l'explique.

Quand George Washington, le fondateur de la grande République américaine, était encore un enfant de six ou sept ans, son père lui fit cadeau d'une jolie hachette, non pas un petit joujou, mais une vraie petite hache d'acier pouvant couper comme un couteau. L'enfant s'en va partout, essayant son outil, tout heureux d'en voir les belles entailles.

Il y avait dans le jardin un bel arbre tout jeune, cerisier, disent les uns, oranger, suivant les autres, que le père de George avait planté, et auquel il tenait beaucoup. Dans son impatience à frapper, le gamin donna quelques coups de hache au petit arbre.

La première chose que vit le père en rentrant fut cet arbre frappé à mort. Il eut un vif mouvement de colère : « Ah ! quel est le misérable qui a massacré mon arbre ? Si je le tenais, je le châtierais d'importance ! » L'enfant était là, toujours sa hachette à la main : « George, lui dit-il, sais-tu qui a fait cela ? »

L'enfant s'écria : « Mon père, c'est moi qui l'ai fait avec la petite hachette ; punissez-moi ! »

Le père, ému, prit son enfant dans ses bras : « Tu as eu tort de couper l'arbre que j'avais planté. Mais tu as eu raison de me le dire franchement. J'ai un fils qui a le courage de dire la vérité : cela vaut plus que mille arbres aux fleurs d'argent et aux fruits d'or. » Et il l'embrassa tendrement.

Toute sa vie, George Washington fut tel que ce trait d'enfant le faisait prévoir : jamais homme ne fut plus droit, plus loyal, plus esclave de la vérité.

Comprenez-vous maintenant pourquoi tous ces petits Américains, cent ans après, étaient fiers de leur petite hachette ? Pour chacun d'eux, c'était plus qu'un souvenir : c'était comme un vœu, l'engagement d'y songer chaque fois qu'ils seraient tentés de faire un mensonge, même un petit mensonge.

Mes enfants, je n'ai pas de petite hachette à vous distribuer. Mais je vous demande de faire comme si vous l'aviez à votre cou, à la façon de ces petits Américains. S'il y en a parmi vous à qui il est arrivé de mentir, ils peuvent aujourd'hui, comme leurs camarades d'outre-mer, prendre une résolution :

Ne jamais mentir.

Quels sont ceux qui veulent s'inscrire ? Ils pourront me dire, en toute franchise, s'ils ont tenu leur parole. Et, s'ils y ont manqué une fois, ils s'appliqueront à ne plus recommencer, jusqu'à ce que l'idée même de mentir ne puisse plus leur venir à l'esprit.

RÉSUMÉ

1. La société humaine repose sur la confiance mutuelle dans la parole des hommes : mentir, c'est trahir la société.

2. Tout mensonge est un acte de lâcheté morale.

3. Sous aucun prétexte et quoi qu'il en coûte, il ne faut *jamais* mentir.

LECTURE

L'écolier menteur.

Notre camarade François n'a pas toujours été un menteur. Autrefois on disait de lui : « Il a beaucoup d'imagination. Comme il s'exprime avec facilité ! » S'il ouvrait la bouche, on savait qu'il allait exagérer... « Douce manie », pensait-on. Non ! mais dangereuse habitude.

Il fut d'abord vantard et fanfaron. Il aimait parler de lui-même. Ses actions les plus simples, il les transformait en actions d'éclat. Ses moindres promenades devenaient de longues excursions. En décrivant sa maisonnette, il en faisait un véritable château.

Ce n'était qu'un vilain défaut. Aujourd'hui, il est affligé d'un vice répugnant : il ment.

Arrivant en classe, il s'aperçoit qu'il n'a pas terminé son devoir, pas appris sa leçon. Il va trouver le maître : « Je n'ai pas pu travailler, dit-il ; papa était malade. » Débitant avec aplomb cette excuse mensongère, il esquive la mauvaise note qu'il méritait.

Son parrain qui habite la ville lui a promis une récompense si, à la fin de la quinzaine, l'instituteur est content de lui. Le moment venu, François écrit au parrain une longue lettre, où il lui signale en les exagérant ses petits succès et cache les réprimandes et les mauvaises notes.

A l'insu de son instituteur et de ses camarades, entrant en classe pendant une récréation, il a sali par inadvertance une des cartes qui ornent la classe. On cherche le coupable : François ne dit mot. Et il laisse punir un camarade innocent contre lequel sont toutes les apparences : son silence est le pire des mensonges. Le menteur par vanité est devenu à la fin menteur par lâcheté.

D'après MARC FROMENT, *Lectures morales.*

MAXIMES DE LA SEMAINE

76. *En vérité, le mentir est un maudit vice : nous ne sommes hommes et ne tenons les uns aux autres que par la parole.* (MONTAIGNE.)

77. *L'animal ne ment pas. Un seul être ment sur la terre, c'est l'homme.* (EDGAR QUINET.)

78. *Ne pas mentir : c'est une force très grande.* (PAYOT.)

79. *Sois sincère envers toi-même, et, aussi nécessairement que la nuit suit le jour, tu seras sincère envers les autres.* (SHAKESPEARE.)

80. *Mensonge : de tous les vices je n'en trouve aucun qui témoigne tant de lâcheté et de bassesse du cœur.* (MONTAIGNE.)

DIX-SEPTIÈME LEÇON

Veux-tu te faire un cœur capable d'aimer?

Vous savez maintenant, mes enfants, quels efforts il vous faudra faire si vous voulez apprendre vraiment à bien penser, à bien raisonner, à bien réfléchir avant de parler et surtout avant d'agir. Que ce soit un travail sérieux, ce n'est pas moi qui le nierai.

Et pourtant, supposez un homme qui, ayant cette grande qualité-là, n'en ait aucune autre, un homme remarquable par l'intelligence, supérieur à la plupart des autres par la facilité, la rapidité, la sûreté de sa pensée. Nous ne manquerions pas de l'admirer. Mais irions-nous jusqu'à dire qu'il ne lui manque rien?

Vous n'avez peut-être pas encore fait cette expérience. J'ai eu l'occasion de la faire.

Deux frères allaient ensemble en classe, Pierre et Paul.

Pierre était toujours le premier dans tous les exercices scolaires de mémoire, de rédaction, de calcul. Le maître posait-il une question? Aussitôt, Pierre demandait à répondre, et il répondait bien. Aussi était-il fort content de lui-même. Il ne se gênait pas pour montrer à ses camarades qu'il en savait plus qu'eux. Il ne leur épargnait jamais une moquerie. Dans sa famille, on l'admirait un peu trop, et il en avait si bien pris l'habitude, qu'il en devenait ridicule.

Paul était beaucoup moins vif d'intelligence. Il n'était pas le premier de sa classe. Mais, chose singulière, il était aussi aimé que son frère l'était peu. Pourquoi? Je ne sais. Mais je fis quelques remarques. Un jour, je constatai, sans qu'il s'en aperçût, qu'il avait, en cachette, donné ses billes à un petit qui pleurait de n'en avoir pas. Un autre jour, il arriva en classe un peu en retard. On lui marqua un mauvais point. Il ne dit rien. En sortant à midi, le maître apprit que Paul avait rencontré le matin une pauvre vieille femme à moitié aveugle, qui n'osait pas traverser la grande place à cause du verglas; il l'avait aidée et reconduite jusqu'à sa demeure.

À la maison, Paul ne brillait pas comme Pierre, mais s'il y avait une commission à faire, s'il fallait interrompre son repas, son étude, son jeu pour courir à la poste ou chez l'épicier, Paul était toujours prêt, et toujours il revenait souriant. S'il fallait garder les petit frère et sœur, les amuser, les consoler, personne n'y réussissait comme lui. Savez-vous ce que tout le monde disait de Paul : « Quel bon cœur ! »

L'intelligence n'est donc pas tout. L'homme n'est pas fait seulement pour comprendre. Il lui faut une tête qui pense et un cœur qui... aime.

Savez-vous, mes enfants, où se fait le mieux cette éducation du cœur ? L'école y contribuera, sans doute ; mais où vont éclore naturellement, où vont grandir sans que vous vous en aperceviez tous ces bons sentiments de tendresse mutuelle et d'affection pour toute la vie ? Vous le savez bien : c'est dans la famille.

Qu'est-ce que la famille ? Je n'en connais pas de plus touchante définition que celle d'Ernest Bersot :

« Quand on vit ensemble, quand on s'aime les uns les autres, quand chacun aime les autres plus que soi, quand il est heureux de ce qui leur arrive de bien, malheureux de ce qui leur arrive de mal, quand il est prêt à les soigner s'ils ont besoin de lui, à les défendre si on les attaque, quand il aime mieux souffrir que de les voir souffrir, quand enfin on n'est tous ensemble qu'un seul cœur, alors c'est la famille. »

Écoutez encore un grand poète, Victor Hugo :

« Savez-vous ce que c'est que d'avoir une mère ? Savez-vous ce que c'est que d'être enfant, pauvre enfant, faible, nu, misérable, affamé, seul au monde, et de sentir que vous avez auprès de vous, au-dessus de vous, marchant quand vous marchez, s'arrêtant quand vous vous arrêtez, souriant quand vous pleurez, une femme ou plutôt un ange qui est là, qui vous regarde, qui vous apprend à parler, qui vous apprend à lire, qui vous apprend à aimer, qui réchauffe vos doigts dans ses mains, votre corps dans ses genoux, votre âme dans son cœur, qui vous donne son lait quand vous êtes tout petit, son pain quand vous êtes grand, sa vie toujours, à qui vous dites : « ma mère » et qui vous dit « mon enfant ! »

J'ai lu, quelque part, l'histoire d'un inspecteur qui était

venu visiter une école. Après avoir interrogé quelques élèves, il s'adressa à une petite fille : « Je vais, lui dit-il, vous demander de faire un problème un peu difficile. » Elle alla au tableau noir. « Combien avez-vous coûté à vos parents depuis votre naissance ? »

La petite fille ne savait que répondre. L'inspecteur lui dit : « Vous n'avez jamais pensé à en faire le compte ! Essayons. Vous allez voir. Vous mangez tous les jours, n'est-ce pas ? Et même plus d'une fois par jour. Le pain, le lait, les légumes, les fruits, le fromage, la viande, a-t-on tout cela pour rien ? — Non, monsieur. — Et le bois, le charbon, pour faire cuire les aliments, cela coûte aussi ?

Si nous comptions que tout cela ensemble représente l'un dans l'autre 50 centimes par jour, serait-ce trop ? Cela ferait par mois.... » L'enfant écrivit au tableau : 15 francs par mois. « Oui, par mois. Mais il y a par an combien de mois ? 12. » Et l'enfant écrivit 180 francs par an. « Mais, nous n'avons pas parlé de vos vêtements, ni de vos souliers. Durent-ils toujours ? Non, il faut les renouveler de temps en temps. Si nous mettions pour cette dépense 20 francs par an, serait-ce trop ? Encore n'aurons-nous pas compté les cahiers, les livres, les autres petites dépenses qui surviennent....Cela fait donc — et l'élève écrivait : — 200 francs par an. Quel âge avez-vous, mon enfant ? — Dix ans. — Alors, vous leur avez coûté combien ? » Elle écrivit : 2000 francs.

Et, en inscrivant cette grosse somme, la petite fille était un peu surprise et embarrassée.

« Eh bien, si je vous avais dit en commençant que vous devez 2000 francs à vos parents, vous ne m'auriez pas cru. Vous leur devez bien plus que cela ! car l'argent n'est rien auprès de tout ce qu'ils ont fait pour vous : nuit et jour, pendant des années, ils ont travaillé, veillé, peiné, pour que vous puissiez grandir en paix comme une heureuse et brave enfant. Et, à votre tour, maintenant, n'avez-vous pas envie, je ne dirai pas de les payer, mais du moins de faire quelque chose pour eux ? Mais quoi ? »

La petite fille répondit tout bas : « Les aimer ! »

Et elle avait bien répondu. Par ce seul mot, elle avait tout dit. Elle aurait pu dire : « Je me rendrai utile dans le ménage, je serai complaisante, laborieuse, obéissante docile, je m'acquitterai soigneusement de ma tâche à l'école et à la maison, etc. »

Elle en dit bien davantage par ce seul mot du cœur : les aimer. L'enfant qui aime ses parents n'a plus qu'un désir et qu'une pensée : leur faire plaisir. Ce sera pour lui non pas une peine, mais une joie. Comme il serait à plaindre, l'enfant qui ne ressentirait pas ce bonheur-là !

RÉSUMÉ

1. La famille est la première forme de la société humaine.

2. L'enfant reçoit de ses parents tous les soins sans lesquels il ne pourrait pas vivre et l'éducation sans laquelle il ne deviendrait pas un homme.

3. L'amour filial rend facile à l'enfant l'accomplissement de tous ses devoirs envers ses parents.

LECTURE

Piété filiale de Pasteur.

Pasteur, le grand savant, cet homme de génie qui, par la découverte des vaccins contre la rage, contre le charbon et d'autres maladies, a été un bienfaiteur de l'humanité, était le fils d'un ancien soldat, simple ouvrier tanneur. Et sa mère était aussi d'une famille de pauvres travailleurs.

Quand la ville de Dôle, où il était né, voulut placer une inscription commémorative sur l'humble maison où il avait passé son enfance, voici en quels termes émouvants il évoque le souvenir de ses parents :

« O mon père et ma mère ! ô mes chers disparus, qui avez si modestement vécu dans cette petite maison, c'est à vous que je dois tout.

Tes enthousiasmes, ma vaillante mère, tu les as fait passer en moi. Si j'ai toujours associé la grandeur de la science à la grandeur de la patrie, c'est que j'étais imprégné des sentiments que tu m'avais inspirés.

Et toi, mon cher père, dont la vie fut aussi rude que ton

rude métier, tu m'as montré ce que peut faire la patience dans les longs efforts. C'est à toi que je dois la ténacité dans le travail quotidien. Non seulement tu avais les qualités persévérantes qui font les vies utiles, tu avais aussi l'admiration des grands hommes et des grandes choses. Regarder en haut, apprendre au delà, chercher à s'élever toujours, voilà ce que tu m'as enseigné....

Soyez bénis l'un et l'autre, mes chers parents, pour ce que vous avez été, et laissez-moi vous reporter l'hommage fait aujourd'hui à cette maison. »

MAXIMES DE LA SEMAINE

81. *De quelles vertus serais-tu capable, si tu ne commences pas par aimer ta mère?* (SOCRATE.)

82. *Celui qui aime sa famille est sûr de devenir un honnête homme.*

83. *Il y a bien des merveilles dans l'univers, mais le chef-d'œuvre de la création est encore le cœur d'une mère.* (ERNEST BERSOT.)

84. *Soignons la vieillesse de nos parents, comme ils ont soigné notre enfance.*

85. *Un frère est un ami donné par la nature.*

DIX-HUITIÈME LEÇON

Aimes-tu autre chose que toi-même?
— Ou es-tu un égoïste?

Il se faut entr'aider : c'est la loi de nature.

Ce joli vers de La Fontaine, écrivez-le dans votre cahier, mais surtout dans votre mémoire, et pensez-y.

L'entr'aide, c'est l'aide ou le secours que les hommes se doivent les uns aux autres.

On a dit avec raison : « Qu'est-ce que la civilisation? C'est l'organisation de l'entr'aide. »

Rien n'est plus exact : à mesure que les hommes se civilisent, ils apprennent à se rendre mutuellement des services dont les sauvages n'avaient pas même l'idée.

Mais il y a un sauvage d'une espèce particulière que je veux vous présenter aujourd'hui. Ne vous figurez pas un pauvre Indien avec son costume pittoresque, des plumes sur la tête, un arc et des flèches à la main. Non, il est habillé comme tout le monde, il parle comme tout le monde, il va et vient sans qu'on le remarque. Mais voici ce qu'il a de particulier.

Quoiqu'il vive au milieu des hommes, il s'imagine être tout seul au monde. Il a une étrange infirmité : il ne voit pas les autres, ou, s'il les découvre, il les voit si petits, si petits en comparaison de lui-même, qu'il ne peut ni s'y intéresser, ni leur prêter attention. Sans doute, il les rencontre, et il leur dit : bonjour, bonsoir. Mais c'est tout. Il ne se représente pas que les autres sont des hommes comme lui, en chair et en os, qui ont un esprit, un cœur, des idées, des affections comme lui. Il a l'air de croire qu'ils sont là pour l'amuser ou pour le servir. Il pense à eux tout juste quand il en a besoin. Il ne leur doit rien, surtout pas la moindre tendresse.

Est-ce une infirmité de la langue? Il ne sait pas dire : *nous*. Il dit toujours : *moi*. Et ce *moi* emplit sa bouche, son esprit, sa vie tout entière.

L'avez-vous parfois rencontré, ce singulier sauvage égaré au milieu de la société civilisée ? Non, dites-vous. Je crois que vous vous trompez. Vous allez le reconnaître, si je vous dis son nom. Il s'appelle... l'*égoïste*.

Je vous ai fait le portrait du parfait égoïste, de celui qui en est venu à ne penser qu'à lui, à n'aimer que lui, à ne vivre que pour lui. Mais il y a des gens — et beaucoup plus que vous ne croyez — qui, sans en être là, sont en chemin pour y arriver. On ne devient pas du premier coup un homme sans cœur. Seulement, le cœur peut s'endurcir, se dessécher, se rétrécir peu à peu. C'est ce qui arrivera infailliblement si l'on s'habitue à chercher toujours uniquement son plaisir, son intérêt, son profit. Alors, on glisse sur la pente : il est si facile d'oublier ce qu'on doit aux autres.

Le mot *égoïsme* vient du mot latin *ego*, qui veut dire : *je* ou *moi*. C'est l'amour du *moi*, le souci prédominant, la passion, le culte du *moi*.

Alors, vous allez peut-être me demander : il n'est donc pas permis de penser à soi et d'avoir le souci de son propre bien ? Avons-nous donc tort, commettons-nous une faute en voulant être heureux, en souhaitant et en recherchant le bien-être de notre corps, la joie de vivre, la santé, la force, l'entrain et tout ce qui est nécessaire à notre vie ?

Non, mes enfants, il n'y a rien de mal à ce que chacun de nous songe à sa petite personne et s'occupe très soigneusement de lui assurer ce dont elle a besoin, depuis le boire et le manger jusqu'aux autres biens du corps et de l'esprit.

Au contraire, il est bien, il est juste, il est même absolument nécessaire que chacun y veille de son mieux : si nous n'avions pas soin de nous-mêmes, il faudrait que quelqu'un d'autre en eût la charge.

Le mal n'est pas de rechercher ce qui nous est bon, utile et agréable. C'est d'oublier que les autres ont les mêmes besoins et les mêmes droits. Le mal, c'est de vouloir prendre leur part. Le mal, c'est de ne vouloir s'imposer aucune peine, aucun effort, aucun sacrifice pour rendre service aux autres, comme si les hommes ne se devaient pas les uns aux autres bienveillance et assistance.

L'égoïsme en lui-même ne serait qu'un vilain défaut, un travers ridicule et une marque d'étroitesse d'esprit dont on pourrait rire s'il n'avait pas des conséquences redoutables. On pourrait se borner à dire : « Comme il fait froid, comme il fait nuit, comme il fait horrible dans l'âme d'un égoïste ! » (VINET) et répéter le vers du poète (A. DE MUSSET) :

Ah ! celui-là vit mal qui ne vit que pour soi.

Mais l'égoïsme n'en reste pas là : il engendre fatalement des vices. Lesquels ? — Tous.

Par égoïsme, l'homme et déjà l'enfant se refuse à faire son devoir, cherche et trouve des prétextes pour manquer de courage, pour manquer d'équité, pour manquer de probité.

Par égoïsme, l'homme et déjà l'enfant devient mauvais, envieux, jaloux, menteur, dur et sec, insensible aux peines d'autrui, lâche devant le travail, esclave de son plaisir et dupe de ses passions.

Par égoïsme, l'homme et déjà l'enfant perd, l'une après l'autre, les qualités qui devaient faire son bonheur, pour être la proie des bas instincts.

RÉSUMÉ

1. Dire : « Je ne dois rien à personne, je ne dépends que de moi », c'est une erreur grossière.

2. L'égoïsme est à la fois aveuglement de l'esprit et sécheresse du cœur. Il tue la raison, et il tue l'amour.

3. Tous les vices naissent de l'égoïsme : ils mettent notre personne au dessus de tout.

QUESTIONNAIRE

Qu'entendez-vous par l'entr'aide ?

Pour que les hommes s'entr'aident, est-il possible à chacun de ne penser qu'à lui-même ?

Est-il vrai qu'un homme puisse dire raisonnablement : je ne dois rien aux autres ?

Est-ce mal de penser à soi, de veiller à ses intérêts ?

Est-ce bien de ne penser qu'à cela ?

LECTURES

Le colimaçon.

Sans amis comme sans famille,
Ici-bas, vivre en étranger ;
Se retirer dans sa coquille
Au signal du moindre danger ;
S'aimer d'une amitié sans bornes ;
De soi seul emplir sa maison,
Pour faire à son prochain les cornes :
Voilà bien le colimaçon.
Signaler ses pas destructeurs
Par les traces les plus impures ;
Outrager les plus tendres fleurs
Par ses baisers ou ses morsures ;
Enfin, chez soi comme en prison
Vieillir, de jour en jour plus triste :
C'est l'histoire de l'égoïste
Et celle du colimaçon.

ARNAULT.

Virile fraternité d'enfants.

Émile et Auguste Taschet n'étaient encore que des enfants ; l'un avait quinze ans et l'autre douze. Ils se trouvèrent un jour seuls, avec un petit frère de quatre ans, devant un lit d'hôpital où leur mère vient d'expirer. Leur père est on ne sait où ; il a déserté depuis longtemps le foyer, emmenant un autre de ses fils voué au vagabondage. L'Administration offrait de recueillir le dernier-né. Émile et Auguste refusent... « Vous le feriez vivre, répondent-ils ; mais il n'aurait plus de famille. » Ils soignent l'enfant, l'habillent, le font manger, le conduisent à l'asile, vont travailler dans une usine voisine et le ramènent le soir pour le coucher. Ah ! la pauvre morte peut dormir en paix.

Ce n'est pas tout : trois ans après, le frère absent, abandonné du père à son tour, reparaît tout à coup, sans gîte et sans pain. Il a maintenant douze ans, et il ne rapporte du dehors que l'ignorance et la faim. Émile et Auguste le prennent encore à leur charge.

SULLY PRUDHOMME, *Prix de Vertu*, 1888.

Petite mère.

Les deux petites[1] sont en deuil
Et la plus grande — c'est la mère! —
A conduit l'autre jusqu'au seuil
Qui mène à l'école primaire.
Elle inspecte, dans le panier,
Les tartines de confiture,
Et jette un coup d'œil au dernier
Devoir du cahier d'écriture.
Puis, comme c'est un matin froid
Où l'eau gèle dans la rigole,
Et comme il faut que l'enfant soit
En état d'entrer à l'école,
Écartant le vieux châle noir
Dont la petite s'emmitoufle,
L'aînée alors tire un mouchoir,
Lui prend le nez et lui dit : « Souffle. »

FRANÇOIS COPPÉE. (*Les Humbles.*)

MAXIMES DE LA SEMAINE

86. *C'est n'être bon à rien que n'être bon qu'à soi-même.* (MME DE STAEL.)

87. *Le moi est haïssable.* (PASCAL.)

88. *La vraie richesse de la vie, c'est l'affection; la vraie pauvreté, c'est l'égoïsme.* (VINET.)

89. *Chaque moi est l'ennemi et voudrait être le tyran de tous les autres.* (PASCAL.)

90. *L'intérêt personnel n'est que la prolongation en nous de l'animalité : l'humanité ne commence dans l'homme qu'avec le désintéressement.* (AMIEL.)

---

1. Filles.

DIX-NEUVIÈME LEÇON

Aimes-tu ces trois choses : le bien, le vrai, le beau?

Vous n'avez pas oublié, mes enfants, ce qu'on appelle des *instincts*. Vous savez bien que tout animal obéit à des instincts qui sont sa loi, qui le font agir, auxquels il ne peut pas résister. Mais il y a une espèce, qu'on appelle espèce humaine, qui, tout en ayant des instincts pareils à ceux des autres animaux, a aussi, en plus, des instincts qu'on peut appeler *instincts supérieurs*, lesquels, à notre connaissance, n'appartiennent qu'à l'homme.

Je vous ai dit cela. Mais en êtes vous bien sûrs? Voyons, examinez-vous bien. Est-ce bien vrai que vous avez, outre les besoins du corps, d'autres besoins aussi forts, aussi vifs, aussi puissants, presque plus irrésistibles encore?

Vous me direz peut-être : « Je sais bien ce que c'est que la faim et la soif, le froid et le chaud, le besoin de remuer ou, à d'autres heures, le besoin de dormir, et aussi le plaisir de chanter, de rire, de jouer, de s'amuser. Mais c'est tout. Je ne me connais pas d'autres instincts. »

Vraiment? Réfléchissons-y.

Vous rappelez-vous les questions que je vous ai faites au commencement de ces leçons? Je vous disais : « Voilà un grand qui bat un petit. Voilà un petit qui vient en aide à son camarade. Voilà un écolier qui prend habilement les billes d'un absent, puis le voilà qui, mécontent de ce qu'il a fait, lui demande pardon. » Ou bien : « Voilà un garçon qui se donne de la peine pour guider une pauvre vieille femme. En voilà un autre qui ne veut pas se déranger pour obliger même sa mère. » Ou encore : « Tel élève lit sa leçon en cachette sur le livre du voisin; tel autre s'aperçoit que le maître a oublié de lui compter une faute, ce qui le fait classer le premier, et il s'empresse de signaler l'erreur au maître. » Ce sont de bien petits faits. Je vous ai posé pourtant sur chacun d'eux la question : est-ce bien ou est-ce mal? Et pas une fois, pas un seul d'entre vous n'a hésité. C'est tout d'une voix que vous prononciez : « C'est bien » ou « c'est mal », avec autant d'assurance que s'il s'agissait de distinguer la droite de la gauche, ou le noir du blanc.

Vous avez donc la vision très claire du bien et du mal. Et si je vous demandais maintenant : « Lequel des deux préférez-vous? » vous ne prendriez pas ma question au sérieux. Il y a donc en vous un sentiment intime, un élan instinctif qui vous pousse... à quoi? Vous l'avez dit : à aimer le bien, à haïr le mal.

Vous avez donc une sorte d'instinct du *bien*.

Et ne faites-vous pas de même tout naturellement une différence profonde entre le *vrai* et le faux? Si à l'heure où le soleil luit, quelqu'un venait vous dire gravement : « Il fait nuit », vous lui ririez au nez. Si, dans une addition, un camarade posait : « Trois et trois font sept », la classe entière éclaterait de rire. Si, en géographie, un élève citait la Loire comme un affluent du Rhône ou Bordeaux comme la capitale de la Bretagne, quelles clameurs de protestation! C'est donc que vous ne permettez pas de confondre le vrai avec le faux. Vous affirmez le vrai, comme vous niez le faux, sans la moindre hésitation.

Voilà encore un instinct aussi naturel à l'esprit de l'homme qu'inconnu aux animaux.

Je vois enfin un troisième sentiment qui se développe tout seul chez l'homme, et dont nous découvrons à peine l'équivalent très faible chez l'animal. Outre le bien, outre le vrai, nous aimons et admirons le *beau*, uniquement parce qu'il est beau.

Le ciel est d'un bleu pur; pas de nuages, pas de brouillard; la lumière brille, l'air est frais; nous disons : quel beau temps! D'un cheval vigoureux, bien construit, alerte et vif, d'un chêne ou d'un hêtre au tronc robuste, aux larges rameaux, au feuillage épais, nous disons aussi qu'il est beau. Et, de même, à propos d'une maison, d'un jardin, d'une ville, d'une campagne, d'une route, d'une machine, d'un outil ou encore d'un tableau, d'une statue que nous voyons, d'un chant, d'un discours que nous entendons ou bien même d'un acte auquel nous assistons; nous y trouvons quelque chose qui nous touche, nous charme, nous émeut, que nous désignons par ce même terme : c'est *beau*. Inversément, si, dans ces objets, quelque chose nous choque, nous semble mal venu, médiocre, sans ordre, sans force, nous disons tout net : c'est laid.

Ainsi le *beau*, le *vrai*, le *bien*, voilà trois grands faits que que notre esprit recherche, aime et admire, trois séries d'idées et trois sources d'émotions qui ne se développent que dans la nature humaine.

Le beau s'impose à notre *cœur*; le vrai s'impose à notre *raison*; le bien s'impose à notre *conscience*. Ce sont trois forces qui attirent l'esprit de l'homme, qui ne sont visibles que par l'esprit, mais qui sur lui ont une invincible puissance.

Aimer le beau, connaître le vrai, vouloir le bien; c'est pour cela que l'homme est fait. C'est la raison d'être de la vie humaine.

Le bien dans l'ordre de l'action, le vrai dans l'ordre du savoir, le beau dans l'ordre du sentiment : ce sont les trois rayons de lumière qui transforment notre existence et l'élèvent infiniment au-dessus de l'existence animale.

Et ne croyez pas que ce soit un luxe qui n'appartienne qu'à quelques privilégiés. Le plus modeste d'entre vous peut en jouir. Il n'y a pas un de vous, mes enfants, qui ne soit capable de sentir la beauté de la nature, Il suffit qu'il ne passe pas au milieu des champs et des bois sans rien voir, sans rien entendre : pour peu qu'il y prenne garde, de toutes parts lui arriveront des images qu'il ne saurait peut-être pas fixer lui-même, mais qu'il saisira mieux dans les vers d'un grand poète. Écoutez ceux-ci, par exemple, et vous aurez envie de les apprendre par cœur :

Juin

Les prés ont une odeur d'herbe verte et mouillée,
Un frais soleil pénètre en l'épaisseur des bois,
Toute chose étincelle, et la jeune feuillée
Et les nids palpitants s'éveillent à la fois.
Les cours d'eau diligents aux pentes des collines
Ruissellent, clairs et gais, sur la mousse et le thym;
Ils chantent au milieu des buissons d'aubépines
Avec le vent rieur et l'oiseau du matin.

Les gazons sont tout pleins de voix harmonieuses,
L'aube fait un tapis de perles aux sentiers,
Et l'abeille, quittant les prochaines yeuses,
Suspend son aile d'or aux pâles églantiers.
Sous les saules ployants la vache lente et belle
Paît dans l'herbe abondante aux bords des tièdes eaux.
Le joug n'a point encor courbé son cou rebelle,
Une rose vapeur emplit ses blonds naseaux.
Et, par delà le fleuve aux deux rives fleuries
Qui vers l'horizon bleu coule à travers les prés,
Le taureau mugissant, roi fougueux des prairies,
Hume l'air qui l'enivre et bat ses flancs pourprés. —

Leconte de Lisle.

Poëmes antiques. (Lemerre, édit.)

Ainsi les penchants d'ordre supérieur que nous constatons se groupent autour de ces trois mots :

Le *Bien*, qui est l'*idéal* de notre conscience : c'est l'objet de la MORALE.

Le *Vrai*, qui est l'*idéal* de notre raison : c'est l'objet de la SCIENCE.

Le *Beau*, qui est l'*idéal* de notre imagination et de notre cœur : c'est l'objet de l'ART.

RÉSUMÉ

1. L'homme, outre les instincts de l'animal, a des instincts supérieurs, qui sont le propre de la nature humaine.

2. L'homme a naturellement l'idée et l'amour du *bien*, du *vrai*, du *beau*.

3. L'homme a naturellement l'horreur du mal, du faux, du laid, mais il peut toujours s'y laisser entraîner s'il ne sait pas résister aux bas instincts.

4. Aimer le beau, connaître le vrai, faire le bien : ce sont les trois instincs supérieurs qui distinguent la nature humaine de nature animale.

QUESTIONNAIRE

Y a-t-il dans l'homme d'autres instincts que chez l'animal?

L'homme distingue-t-il naturellement le bien et le mal? Lequel des deux honore-t-il? (Exemples.)

L'homme distingue-t-il le vrai du faux? (Exemples.)

L'homme distingue-t-il le beau du laid? (Exemples.)

Comment se fait-il que trop souvent l'homme semble donner la préférence au mal, au laid, au faux?

La vie de l'homme est-elle plus belle, si elle est inspirée par les instincts inférieurs (animaux) ou par les instincts supérieurs (humains)?

Comparez l'idéal d'un égoïste à l'idéal d'un homme vraiment homme.

MAXIMES DE LA SEMAINE

91. *Ces vérités éternelles par lesquelles tout entendement est réglé sont quelque chose de Dieu ou plutôt Dieu lui-même.* (Bossuet[1].)

92. *Si j'avais un enfant à élever, de quoi m'occuperais-je d'abord? Et je me suis répondu : de le rendre honnête homme. Qu'il soit bon premièrement, il sera grand après, s'il peut l'être.* (Diderot.)

93. *A tout âge, dans toutes les conditions, l'homme a besoin de santé, de raison et de vertu.* (Guizot.)

94. *Science sans conscience n'est que ruine de l'âme.* (Rabelais.)

95. *Rien de plus triste que de n'être pas ému par ce qui devrait nous émouvoir.* (Mme de Staël.)

---

1. *Traité de la connaissance de Dieu et de soi-même*, chap. IV, § 5. Cf. § 9 : «Toute vérité vient de Dieu, elle est en Dieu, elle est Dieu même. »

VINGTIÈME LEÇON

As-tu un idéal?

L'enfant, et plus tard l'homme, qui veut faire le *Bien*, connaître le *Vrai* et aimer le *Beau*, n'est pas seul dans la vie, il ne marche pas à l'aventure.

Il a un *idéal*.

Comprenez-vous ce mot? Un idéal, c'est bien une *idée*, mais avec quelque chose de plus. C'est une idée qui vous inspire, qui vous est si chère et si sacrée que rien ne peut vous la faire oublier : elle gouverne vos actions, votre esprit, votre cœur.

Avoir un idéal, c'est être sûr de ne pas vivre au hasard, au jour le jour, sans but, sans règle, sans espérance : c'est savoir pourquoi l'on préfère le devoir au plaisir, la joie du travail au laisser-aller de la paresse.

Avoir un idéal, c'est prendre la vie au sérieux, c'est choisir, pour la remplir convenablement, non pas ce qu'il y a de plus facile, mais ce qu'on connaît de plus noble, de plus pur, de plus digne d'un homme. Vous n'êtes pas faits, après tout, pour la laideur et le mensonge.

Avoir un idéal, c'est posséder, pour animer sa vie entière, un cœur chaud, un esprit libre et une volonté droite; c'est aimer, penser et agir en vue non pas de son propre intérêt, qui est une chose si petite, mais du bien de tous, qui en est une si grande! C'est se donner des ailes pour traverser joyeusement les airs au lieu de se traîner sur les pierres et dans les ronces ; c'est respirer à pleins poumons au lieu de végéter misérablement ; c'est, au lieu de descendre toujours, toujours monter, toujours plus haut.

Vous voyez que j'ai une grande ambition pour vous, mes enfants. Si humble, si rude, si obscure que soit la tâche, votre vie, toute vouée au travail, sera une belle vie si vous le voulez, et rien de ce qui est humain ne vous sera étranger. Vous avez le droit d'aspirer à ces trois choses divines : le Bien, le Vrai, le Beau, les trois étoiles qui illumineront votre route.

Ce triple idéal, qui est tout l'idéal humain, les hommes, à mesure qu'ils sont sortis de l'état sauvage, ont rêvé de l'atteindre. Et, pour cela, ils ont cherché la voie la plus rapide, la plus sûre. Et ainsi sont nées les diverses religions.

Nous n'avons pas, à l'école publique, à vous parler de religion, mais il faut que vous compreniez pourquoi nous n'en parlons pas. Ce n'est pas une marque de mépris ou de négligence. Au contraire. Vous allez le comprendre.

Dès les âges les plus lointains, l'homme a reconnu qu'il existe au-dessus de lui des forces qui lui sont infiniment supérieures. Naturellement, il a vu d'abord avec effroi, puis avec étonnement, des forces matérielles, la lumière, le feu, les vents, la foudre, puis le soleil, les astres, et toutes les puissances de la nature, qui fait naître et qui fait mourir, qui change sans cesse la face du monde.

Et, à une époque où ils avaient à peine une ébauche de langage, où ils ne possédaient aucun des premiers éléments de la science, ni instruments de recherche, ni expérience, ni capacité de raisonnement, les hommes encore à demi sauvages se sont représenté le monde comme habité et gouverné par des êtres plus forts qu'eux, par des *esprits* ou des *dieux* dont ils se faisaient une idée tout à fait grossière.

A mesure que la civilisation s'est développée, d'autres peuples plus avancés et mieux éclairés perfectionnèrent cette première religion.

Au lieu d'adorer une pierre ou un arbre, le soleil ou la lune, ils ont songé à représenter, sous une figure humaine agrandie et embellie, les forces de l'esprit et non plus seulement celles de la matière. Leurs dieux étaient la personnification idéalisée de la Justice, de la Sagesse, du Courage, de la Beauté, du Travail, etc.

Enfin, — mais il y fallut des siècles et des siècles — l'humanité civilisée s'éleva tout entière à la conception d'un Dieu unique, en qui réside la perfection absolue. Le christianisme a dit : « Dieu est amour. » Et ce Dieu, il l'appelle d'un nom qui fait de tous les hommes une seule famille : « Notre Père. »

On peut donc dire aujourd'hui que toutes les religions

s'accordent avec les chrétiens, quant à l'essentiel, sur l'idée qu'elles se font de Dieu.

Mais l'esprit humain est imparfait et limité. Il est donc naturel qu'il y ait, entre les diverses religions, même entre les religions chrétiennes, des diversités sur l'interprétation de cette commune idée de Dieu.

Des hommes également sincères diffèrent d'avis sur la manière d'honorer Dieu, sur la manière de prier, sur la manière dont il faut lire les livres saints, sur la manière de célébrer le culte, sur les doctrines auxquelles il faut croire, sur l'organisation des églises, et sur beaucoup d'autres points.

Pendant longtemps, en France comme ailleurs, ces diverses croyances se sont combattues violemment, chacune prétendant représenter la vérité et avoir le droit de supprimer l'autre qui représentait l'erreur.

Mais, depuis la Révolution française, notre pays a proclamé la liberté de conscience.

Cela veut dire que chacun peut choisir sa religion, la professer, la pratiquer suivant ses convictions.

La nation ne se permet plus de donner raison aux uns et tort aux autres.

Que chacun obéisse à sa conscience, et qu'il permette aux autres d'obéir à la leur.

C'est pour cette raison que l'école publique, ouverte à tous les enfants de la nation ne doit pas s'occuper des questions religieuses. Car prendre parti pour une de ces croyances, ce serait prendre parti contre l'autre. Et puisque ni les tribunaux, ni le parlement, ni aucun pouvoir public en France n'a plus le droit d'intervenir dans les choses de conscience, comment l'école publique pourrait-elle le faire sans abus?

Voilà pourquoi vous ne m'entendrez jamais vous parler des choses de la religion. Cela regarde vos parents et les ministres des différents cultes.

En cette matière, mes enfants, je n'ai que deux recommandations à vous adresser.

Voici la première :

Ne manquez jamais de respect à une religion, même si ce n'est pas la vôtre.

Que pensez-vous de cette première recommandation?

Franchement, n'y en a-t-il pas parmi vous qui se disent :
« Mais ma religion est la vraie, les autres sont fausses :
pourquoi veut-on que je les respecte? »

Mes enfants, quand bien même vous auriez seuls la vérité,
songez que les autres aussi croient l'avoir. Vous êtes sincères, et ils le sont. Il se peut qu'ils se trompent, mais ce
n'est pas leur faute : ils ne savent pas mieux.

Depuis que le genre humain a commencé à penser, il a
commis bien des erreurs. Il lui a fallu des siècles pour s'en
apercevoir et les corriger. Mais n'est-ce pas le plus admirable des spectacles de voir ce long effort de l'esprit humain
qui s'acharne à saisir le secret de l'univers, à percer le
mystère qui nous enveloppe, à découvrir d'où vient le
monde, où il va, quelle est l'origine et la fin des choses et de
l'homme?

Quand bien même aucun système n'aurait encore la certitude de posséder la vérité absolue, avez-vous le droit de
mépriser tous ceux qui l'ont cherchée avant vous avec une
si noble passion? Et qui êtes-vous donc pour les condamner
de si haut?

Et puis, voici ma seconde recommandation :

Rappelez-vous toujours que l'idée de Dieu, sous ses
formes si diverses, représente les conceptions et les espérances les plus hautes de l'esprit humain : c'est le symbole
de son éternel idéal.

Entre les doctrines des diverses religions et celles qui
sont opposées à toutes les religions, il y a — même si elles
l'ignorent — quelque chose de commun. C'est cette idée de
Dieu.

Catholiques, protestants, israélites, libres penseurs, ne se
représentent pas Dieu de la même façon. Mais tous, — y
compris ceux qui ne croient pas au Dieu de votre caté-
chisme — y croient sous un autre nom. Ils l'appelleront
Justice, Vérité, Bonté, Raison, Amour.

Ils l'adorent à leur manière quand ils se dévouent, eux
aussi, au service de leurs semblables, à toutes les causes
saintes, à la défense de leur patrie, du progrès et de la justice,
du droit et de l'humanité.

Toute foi à l'idéal est une forme de la foi en Dieu.

Sous quelque nom, mes enfants, et sous quelque doctrine

que ce soit, quand vous voyez un de vos semblables s'efforcer de vivre comme vous voudriez vivre vous-mêmes, ne dites pas : « C'est un impie »; dites-vous plutôt : « C'est un frère qui ne parle pas la même langue. »

L'important n'est pas tant de nous accorder sur la définition du mot Dieu; c'est de bien écouter au fond de notre conscience cette voix que le genre humain a toujours appelée la voix de Dieu.

RÉSUMÉ

1. Il y a une *foi morale* qui est la foi au devoir, et une *foi religieuse*, qui est la foi en Dieu. Toutes deux méritent le respect.

2. Il faut respecter le sentiment religieux d'autrui, même exprimé sous des formes qui nous choquent.

3. Il y a un rapport étroit entre l'idée de Dieu et l'idéal moral.

MAXIMES DE LA SEMAINE

96. *La conscience est une parole divine adressée à l'humanité tout entière.* (CHARLES SECRETAN.)

97. *La conscience, c'est Dieu présent dans l'homme.* (VICTOR HUGO.)

98. *Croire à Dieu, c'est croire au devoir.* (CH. SECRETAN.)

99. *Souviens-toi que tu es homme et ne te laisse pas avilir.*

100. *Avoir un idéal, c'est avoir une raison de vivre.* (LÉON BOURGEOIS.)

VINGT ET UNIÈME LEÇON

Veux-tu te faire un caractère capable de vouloir?

Un esprit capable de penser, un cœur capable d'aimer : ce sont deux trésors qu'il faut posséder pour être un homme. Mais il en est un troisième sans lequel les deux premiers ne suffiraient pas

Un homme peut avoir une grande intelligence, un grand fond de bonté. S'il lui manque la faculté de vouloir, on ne peut pas compter sur lui. Il n'a pas de *caractère*.

Mais avant de parler de l'homme, parlons de l'enfant. Je vais vous poser une petite question, peut-être un peu indiscrète. Mais vous aurez la franchise de me répondre. Dites-moi, êtes-vous peureux?

(Laissez parler les enfants. Ils aiment à raconter leurs petites aventures, même quand ils n'y jouent pas un très beau rôle.

Ce n'est pas moi qui vous parlerai. C'est un de nos maîtres de la Sorbonne, M. Lavisse un grand savant, qui était aussi un grand ami des enfants : il aimait à causer avec eux dans l'école où il a appris à lire.

« Petits peureux et petites peureuses, je n'ai pas l'intention de me moquer de vous ni de vous humilier. Ce n'est pas votre faute si vous avez peur. La peur est un héritage. Comment elle vous a été transmise et d'où elle vient, c'est un mystère. Pourquoi donc le poussin qui vient de casser sa coquille reconnaît-il le cri de l'oiseau de proie qu'il n'a jamais entendu et court-il vers l'aile de la poule, alors que d'autres bruits ne l'inquiètent pas?

Hommes et bêtes, nous apportons en naissant des terreurs aussi vieilles que le monde. La peur est la première émotion que l'humanité ait sentie. Rien n'est plus humain que la peur.

Je veux dire par là que votre peur n'est pas une honte. Seulement, petits peureux, vous avez un devoir particulier dans la vie : il faut que vous fassiez, d'un poltron, un brave.

De quoi donc avez-vous peur, d'ordinaire? De l'éclair et

du tonnerre, d'un craquement entendu dans l'obscurité de la nuit, d'un chien rencontré sur une route, d'une vache qui vous regarde pendant que vous traversez une pâture...

Mais, dites-moi combien de vaches vous ont encornés? Combien de chiens vous ont mordus? Le craquement, combien de fois fut-il suivi de l'apparition d'un voleur? Le tonnerre, vous a-t-il tués?

Il y a un proverbe qui dit : « La peur n'évite pas le danger. » Ajoutons que même elle le crée souvent.

Voici un chien ; il se promène. Il s'arrête devant un crottin — tous les goûts sont dans la nature — il se remet en marche ; mais son nez le tire vers le gazon du bas-côté ; il flaire l'odeur de quelque bête qui a passé ; puis il se met à courir ; on dirait qu'il se rappelle qu'il a quelque chose à faire de très pressé, et qu'il faut regagner le temps perdu.

Et voilà une vache ; elle a fini de paître ; elle n'a pas commencé à ruminer ; il faut bien qu'elle passe son temps ; alors, puisqu'elle a des yeux — et même de beaux yeux — elle regarde, à sa façon, « vaguement, quelque part ».

Mais vous, vous avez peur. Vous supposez à ce chien ou à cette vache des intentions hostiles. Et vous vous sauvez à toutes jambes. Ces bêtes sont bien capables de vous courir après, pour faire comme vous ; car il n'y a pas que les hommes qui fassent bêtement ce qu'ils voient faire à d'autres.

Mais il est possible qu'en effet ce chien et cette vache soient de mauvaises bêtes, qu'il faille vous défendre. Malheureusement vous ne savez comment vous y prendre.

Un jour — j'avais votre âge — je me promenais avec un brave homme qui, venu d'Auvergne en vendant sur le chemin des cannes et des parapluies, s'arrêta au Nouvion pour s'y établir. J'aimais sa compagnie, parce qu'il racontait des histoires amusantes avec le sonore roulement des *r*, à l'auvergnate, et une gesticulation vive, étonnante à nos yeux de gens calmes. Pendant que nous causions, un chien parut, dont la mine était désobligeante. Le père Ritoux vit que j'en étais impressionné. « Comment! Tu as peur des chiens? » me dit-il. Il fit le geste de prendre un caillou, et le chien qui comprend très bien ce geste-là se sauva. « Je vais te montrer, ajouta le père Ritoux, comment il faut faire si un chien fonce sur toi. » Sa main serra sa canne ; il se baissa

jusqu'à quelques centimètres du sol, dessina un coup fau-
cheur et me dit : « Avec ce coup-là, on casse une patte, et
l'on est tranquille. Mais tout à l'heure, si nous rencontrons
encore un chien, je te ferai voir autre chose. » Un autre
chien survint ; les chiens surviennent souvent. Quand il fut
à quatre pas de nous, le père Ritoux lui tourna le dos brusquement, se plia en deux et mit sa tête entre ses jambes
écartées. Le chien, qui n'avait jamais vu un animal portant
la tête à cet endroit-là, s'enfuit en hurlant.

Je vous ai raconté cette histoire pour vous amuser, mais
avec une intention sérieuse.

Vous ne vous débarrasserez pas tout à fait de vos peurs. Il
est probable que vous en garderez toute votre vie la rémi-
niscence.

Pour avoir vu, quand j'étais tout petit, le tonnerre tomber
à quelques mètres de moi, je sens, chaque fois que le tonnerre se fâche pour de bon, un obscur désir d'aller me cacher
dans la cave. Et le trottinement menu des souris, qui m'inquié-
tait autrefois, me gêne encore aujourd'hui, bien qu'on m'ait
dit, il y a longtemps, que les petites bêtes ne mangent pas
les grosses.

Mais on ne vous demande pas de ne pas avoir peur ; on
vous demande de ne pas avoir peur de votre peur, et de la
combattre et de la vaincre. Après quoi, vous recevrez votre
récompense, qui sera belle.

Vous aurez la joie d'être content de vous. Et vous ferez la
connaissance d'un sentiment que je vous souhaite, la fierté,
non pas celle des vaniteux, mais la bonne fierté de braves
garçons assurés de pouvoir, dans les moments difficiles,
compter sur eux-mêmes.

Cette assurance, vous la porterez dans la vie.

Peut-être la vie vous réserve des dangers. Peut-être con-
naîtrez-vous des heures où, devant la mort possible, votre
corps tremblera et vos dents claqueront ; mais alors, étant
des hommes, vous appellerez à votre secours les sentiments
les plus élevés de l'âme humaine.

Ne désespérez jamais de votre courage. Savez-vous que
Henri IV, le « roi vaillant », au moment de charger l'ennemi, ne se sentait pas à l'aise ? On dit même que parfois
une colique l'obligeait à descendre de cheval un moment.

Mais, sitôt remonté sur sa bête, quelles charges il menait à Ivry ou à Fontaine-Française sous le panache blanc! Quelle ruée sur le chemin de l'honneur! Mais que faisait donc sa peur? Elle exaltait sa bravoure.

Turenne qui combattit en tant de batailles, tremblait sous le feu. On vous a cité cette parole, qu'il adressait à son corps : « Tu trembles, carcasse; mais si tu savais où je te mènerai tout à l'heure, tu tremblerais bien davantage! ».

Méditez-la, cette parole; elle est une des plus belles que jamais on ait dites. La carcasse, c'est la partie basse de nous, occupée d'elle-même, inquiète de sa conservation, naturellement fuyarde devant le danger. Mais il y a une autre partie de nous, la partie haute; ici habitent la fierté de soi-même et le sentiment du devoir. Turenne, de cette partie haute, considère la basse et la méprise.

Petits peureux, je viens de vous mettre en belle compagnie, j'espère! Je sais bien que vous n'êtes ni des Turenne, ni, probablement, de futurs maréchaux de France. Mais, tous, tant que nous sommes, si modeste que soit notre vie, des occasions s'offrent à nous de choisir entre le chemin de l'honneur et un autre chemin.

RÉSUMÉ

La peur est un instinct auquel il ne faut pas céder.

MAXIMES DE LA SEMAINE

101. *On peut avoir de l'esprit, de la science, même du génie, et ne pas avoir de caractère.* (LACORDAIRE.)

102. *Quiconque n'a pas de caractère n'est pas un homme : c'est une chose.* (CHAMFORT.)

103. *Ceux qui se plaignent de la fortune n'ont souvent à se plaindre que d'eux-mêmes.* (VOLTAIRE.)

104. *On respecte les situations, on n'estime que les caractères.* (ALEXANDRE DUMAS FILS.)

105. *La vie la mieux remplie est celle d'un homme qui devient toujours plus homme.*

VINGT-DEUXIÈME LEÇON.

Veux-tu apprendre à vouloir ?

Quelle belle chose d'avoir de l'intelligence et de l'appliquer à s'instruire, à chercher la vérité, à se rendre compte de tout par la pensée !

Quelle belle chose encore d'avoir un bon cœur et de se laisser toucher par de nobles sentiments, par l'amour de tout ce qui mérite d'être aimé !

Il y a pourtant une force plus grande encore que celle du cœur et celle de la pensée : c'est la VOLONTÉ.

Qu'est-ce que c'est que *vouloir*, mes enfants ? Dites-moi d'abord comment vous entendez ce mot ?

(Les enfants confondent d'ordinaire vouloir et désirer. C'est une distinction non pas subtile, mais délicate, qu'il faut peu à peu leur faire saisir par des exemples. Nous en indiquons quelques-uns, vous en trouverez d'autres sans peine dans la vie enfantine et familiale.)

Il y a peut-être des gens qui se figurent que vouloir, c'est simplement suivre son caprice, agir à sa fantaisie, en faire à sa tête, sans s'inquiéter de rien, ni de personne. Quelle erreur ! Quel contre-sens !

La volonté, c'est précisément l'acte où il n'entre ni caprice, ni fantaisie, ni aveuglement, ni passion.

C'est l'acte dicté par la raison, non par un entraînement impulsif et irréfléchi.

L'homme qui veut, c'est celui qui, ayant pensé à ce qu'il doit faire et l'ayant vu bien clairement, est bien décidé à le faire, coûte que coûte, et le fait sans se laisser arrêter par quelque obstacle que ce soit.

Il y a aussi des gens qui confondent *vouloir* avec *désirer*. Ce sont deux faits pourtant bien différents.

Il m'arrive souvent de désirer une chose et de ne pas la vouloir. Il m'arrive, au contraire, de vouloir celle dont je n'ai nulle envie.

Un homme voit, dans une maison où l'incendie éclate, des

femmes, des enfants, qui crient au secours : pensez-vous qu'il ait envie de se faire cruellement brûler, de s'exposer à périr dans les flammes ? Non, certes, ce danger, ces souffrances ne l'attirent pas. Et cependant, il *veut* y aller, il y va, malgré tout, sans savoir s'il en reviendra sain et sauf.

Et nos soldats qui, pendant plus de quatre années, ont supporté des privations, des souffrances et des périls sans nombre, qui, nuit et jour, risquaient leur vie à la tranchée ou dans des corps-à-corps épouvantables, direz-vous qu'ils s'y plaisaient ? Ils ont *voulu* cependant tenir bon, tout braver, tout souffrir, renoncer à tout, tout affronter plutôt que de faillir à leur devoir.

La volonté n'est donc pas une poussée de l'instinct. C'est la raison qui l'inspire et qui la soutient.

Aussi, n'est-ce pas l'affaire d'un jour d'apprendre à vouloir. Autant il est facile d'obéir à ses instincts et de suivre son goût, son penchant, son désir, autant il est difficile de *vouloir* juste le contraire.

L'enfant lui-même en fait tous les jours l'expérience en petit. Il a envie d'un fruit qui lui est défendu, d'un objet qui appartient à un autre, d'un plaisir quelconque qu'il pourrait se procurer en désobéissant à ses parents. Il le pourrait, mais il ne le *veut* pas. Il veut, au contraire, d'une manière ferme, s'en priver.

Mais, pour cela, il faut savoir dire ce mot-là : *je veux.* On dirait que c'est un mot magique, tant il a une puissance merveilleuse. Mais il faut savoir le prononcer d'une certaine manière.

Il y en a qui prononcent : *je veux bien.* C'est-à-dire : je ne m'y oppose pas, je laisserai faire, j'y consens, mais je ne ferai pas grand'chose pour cela.

Ou encore : *je ne demande pas mieux,* c'est-à-dire je suis tout prêt à le faire, pourvu que cela se fasse tout seul ou à peu près. Je ne demanderais pas mieux que de rendre service à ma mère, ou d'apprendre une leçon, ou d'être appliqué à l'école, s'il n'y avait pas telle autre chose qui m'attire davantage.

Ou encore : *je voudrais.* Oh ! cette variante-là est la plus perfide. Comme je voudrais être un fils excellent, une fille

accomplie, le modèle des écoliers ! Oui, je le voudrais, mais...
il y a toujours un mais.

Un beau jour, tout cela change. Cet enfant finit par dire
le mot qu'il faut et avec l'accent qu'il y faut. Il dit : *je veux*,
tout court. Assez traîné, assez hésité ! Assez de souhaits
vagues et de bonnes volontés flottantes ! Il a pris son parti.
Une lumière s'est faite dans son esprit, un élan est parti de
son cœur, l'acte va suivre. L'acte, c'est l'important. Ce n'est
pas la parole qui compte, c'est l'acte, car seule l'action
décide de l'avenir. Il va donc le faire, ce devoir qui l'en-
nuyait ; il va l'apprendre, cette leçon. Il va l'attaquer de
front, ce défaut dont il a tant de fois promis, mais molle-
ment promis, de se corriger. Il n'y est plus disposé, il y est
décidé. Ce n'est plus une velléité, c'est une volonté. Et du
coup, ce qui lui avait semblé impossible, il l'accomplit courageusement ; bien plus, joyeusement..

N'en avez-vous pas déjà fait l'expérience dans quelques
petits incidents de votre vie de famille ou d'école ?

*(Si quelque élève avait un trait analogue à citer, ne pas man-
quer de l'y encourager. Un petit exemple de cet ordre, apporté
par un enfant, serait la plus heureuse confirmation de votre
leçon et ferait une impression sur ses camarades. Mais ici, et
toujours, évitons tout ce qui serait factice, exagéré, convenu.
Seule, la sincérité absolue, la simplicité du fait vécu touche le
cœur et frappe l'esprit ; cela est vrai des enfants comme des
hommes.)*

Tantôt, la volonté peut s'exercer par un acte instantané,
en un clin d'œil : par exemple, quand le chevalier d'Assas,
fait prisonnier, rassemble toutes ses forces pour crier à ses
compagnons d'armes : « A moi, Auvergne, ce sont les
ennemis ! »

Tantôt, la volonté se marque par une longue suite d'actions, en supposant une énergie que rien ne lasse : par
exemple, quand saint Vincent de Paul entreprend de
recueillir des enfants trouvés et, manquant de ressources
pour les nourrir, mendie pour eux, frappe à toutes les portes,
implore les dames de la Cour, leur fait honte de leur dureté
de cœur, supplie le public, et sauve ainsi les enfants.

RÉSUMÉ

1. Il ne suffit pas de connaître le bien ni même de l'admirer et de l'aimer, il faut le vouloir.

2. Qui veut peut. La volonté est la plus grande force dont l'homme dispose.

LECTURES

Les gardiens de la flamme.

« Le phare à feu intermittent de Kerdonis, qui se dresse à la pointe sud-est de Belle-Ile-en-Mer, est à 2 kilomètres de toute habitation. Or, le 18 avril 1911, à dix heures du matin, Matelot, gardien de ce phare, était occupé à en nettoyer la lanterne et les réflecteurs, lorsqu'il fut surpris tout à coup par un malaise.

Croyant à une indisposition passagère, il continua sa besogne jusqu'à midi, mais une nouvelle atteinte du mal le força à s'aliter. Matelot habitait ce phare avec sa femme et quatre enfants en bas âge. Ne voulant pas abandonner son mari et ses quatre petits enfants, Mme Matelot ne put aller chercher du secours, et l'état du pauvre gardien ne fit qu'empirer.

A sept heures du soir, il entra en agonie, ayant autour de son lit ses enfants apeurés : mais la nuit allait tomber ; elle tombait, et la lampe du phare n'était pas allumée.

Mme Matelot, véritable esclave du devoir, laissa ses enfants au chevet du moribond, et monta dans la tour allumer le feu ; elle était à peine redescendue, quand son mari rendit le dernier soupir.

Un moment, accablée par la douleur, elle fut soudain rappelée à la réalité par un des enfants.

« Maman, la lanterne ne tourne pas. »

Et en effet, le feu tournant ne tournait pas. Il risquait d'être confondu avec un feu fixe, et pouvait entraîner de funestes méprises pour les bateaux attardés dans cette nuit noire, sous la tempête.

Une fois de plus, la courageuse femme monta au phare pour chercher le remède et remettre le feu en mouvement. Mais en vain travailla-t-elle une heure entière... Matelot, arrêté le matin même par la maladie au moment même où il nettoyait le mécanisme, n'avait pu mettre en place tous les organes essentiels, et le phare immobilisé allait peut-être devenir la cause de plus d'une catastrophe.

Alors, revenant près du mort, Mme Matelot fit monter dans la tour ses deux aînés, dix ans et sept ans. Et, toute la nuit, seuls, dans l'étroite chambre, au sommet du phare, les deux enfants, en poussant de toutes leurs forces, firent tourner le feu qui, pas un instant, n'eut de défaillance. En bas, la mère, avec les deux plus petits, faisait la toilette funèbre du père...

L'admiration de toute la France a salué l'héroïsme de cette noble famille qui, frappée soudain par le deuil le plus cruel, sut cependant, à une heure où on oublie tant de choses, ne point oublier le devoir. »

Ch. Le Goffic (dans Lisons, par Baudrillart
et Kuhn ; Nathan, éditeur.)

MAXIMES DE LA SEMAINE

106. *Apprends à vouloir ce que tu dois vouloir.* (Léonard de Vinci.)

107. *Ce qu'il y a de plus rare dans la société humaine, ce sont les gens qui savent vouloir.* (Vinet.)

108. *C'est l'effort qui donne à l'individu la volonté, sans quoi il n'est rien.* (Laboulaye.)

109. *Qui veut, peut.*

110. *La volonté ne peut être appelée volonté que si elle dure.* (Payot.)

VINGT-TROISIÈME LEÇON

Es-tu maître ou esclave de tes passions?

Avoir la force de vouloir, je suis sûr, mes enfants, que vous avez compris qu'il n'y a rien de plus beau. C'est l'acte par lequel l'homme montre le mieux qu'il est un homme.

Mais on ne devient un homme qu'après avoir été un enfant. Et c'est l'enfant qui doit commencer. C'est l'enfant qui doit, de très bonne heure, apprendre à vouloir.

Laissons donc de côté l'avenir, ne parlons pas des grandes personnes que vous serez un jour. Parlons de votre vie et de vos expériences d'enfant.

Voyons, mes amis, avez-vous de la volonté? Oui? Non? Vous hésitez, et vous avez raison d'hésiter, car vous n'avez pas encore fait beaucoup d'expériences. Il faut en faire et vous en rendre compte.

Prenons des exemples :

Voici un enfant qui n'aime pas à se donner de la peine. S'agit-il de se lever le matin? Il ne se presse pas. Il aime à dormir. Même à demi éveillé, il reste au lit. Levé enfin, il aurait besoin de faire promptement sa toilette. Mais non : là encore il ne se presse pas, il va, vient, tourne et retourne, perd son temps, laisse errer ses regards et sa pensée. Un rien le distrait, la moindre bagatelle lui sert de prétexte pour flâner. Je vous demande ce que vous en pensez : cet enfant-là est-il le maître de lui-même? Est-ce lui qui gouverne sa paresse, ou est-ce sa paresse qui le gouverne?

En voici un autre qui n'est pas paresseux. Au contraire, il est vif, actif, remuant. Il aime tellement le jeu que le jeu lui fait tout oublier, devoirs, leçons pour l'école, petits services pour ses parents, l'heure de la classe, l'heure du repas. Celui-là est-il maître ou esclave de sa passion?

Un autre encore : celui-là a une autre faiblesse, il aime les friandises, les gâteaux, les sucreries, mais il les aime tellement qu'il se rend malade en en mangeant plus que de raison. Est-il le maître ou l'esclave de sa bouche?

Et l'enfant qui se met en colère dès qu'on le contrarie?

l'enfant qui ne peut supporter la contradiction, qui veut toujours être obéi? Connaissez-vous un être plus malheureux et plus déplaisant?

Un dernier exemple : celui-là n'est ni coléreux, ni paresseux, ni gourmand, ni joueur à l'excès. C'est un bon camarade, gai, causeur. Il aime tant à causer que rien ne peut lui imposer silence. Il faut qu'il parle, qu'il parle, qu'il parle! Il n'écoute pas les explications du maître. Il ne sait pas se taire. Direz-vous que le petit bavard se gouverne, ou au contraire qu'il est victime de sa manie?

Tous ceux-là peuvent se corriger, il faut seulement qu'ils y pensent et qu'ils le veuillent. Je ne leur dirai pas : « C'est trop difficile ». Je leur dirai : « Essayez. Prenez sur vous une fois, deux fois, dix fois de réprimer ou cette paresse, ou ce bavardage, ou cette gourmandise, ou tel autre défaut. Cela vous coûtera la première fois, la seconde, la troisième. Mais bien avant la dixième, vous ferez une découverte qui vous surprendra bien. C'est que ce petit effort, au lieu de vous être pénible, vous devient presque agréable. Vous finirez par y prendre goût. En continuant, vous vous sentirez content, le cœur léger, plus heureux que vous ne l'aurez jamais été en cédant à votre passion. »

Je pourrais vous en donner de nombreux exemples. Je ne veux vous en citer qu'un seul, qui est très célèbre, et que vous ferez bien de retenir. Écoutez un grand savant, le naturaliste Buffon. « Voici, dit-il, comment je triomphai de ma paresse :

« Dans ma jeunesse, j'aimais beaucoup à dormir et ma paresse me dérobait la moitié de mon temps. Mon pauvre Joseph (domestique qui m'a servi pendant plus de soixante ans), faisait tout ce qu'il pouvait pour la vaincre, sans pouvoir réussir. Je lui promis un écu toutes les fois qu'il me forcerait de me lever à six heures.

« Joseph ne manqua pas, le jour suivant, de venir me tourmenter à l'heure indiquée, mais je lui répondis fort brusquement. Le jour d'après, il vint encore : cette fois-là, je lui fis de grandes menaces qui l'effrayèrent : « Ami Joseph, lui dis-je dans l'après-midi, j'ai perdu mon temps, et tu n'as rien gagné; tu n'entends pas bien ton affaire : ne pense qu'à ma promesse, et ne fais désormais aucun cas de mes menaces ». Le lendemain, il revint. D'abord je le priai, je le suppliai, puis je me fâchai; mais il n'y fit aucune attention et me força de me lever malgré moi. Ma mauvaise humeur ne durait guère plus d'une heure après le moment du réveil; il en était récompensé alors par mes remerciements et par ce qui lui était promis.

« Je dois au pauvre Joseph dix ou douze volumes au moins de mes ouvrages. »

Vous n'aurez pas un Joseph pour vous rendre ce service. Soyez donc votre Joseph à vous-mêmes.

Il est triste de penser que l'habitude de céder à la passion finit par conduire au crime. Lisons seulement à titre d'exemple cette page extraite du rôle d'une session de Cour d'assises (Calvados 1910). Sur six criminels condamnés, voici l'histoire de cinq :

1° Raymond Mancel, seize ans, ayant passé sa journée du dimanche à boire, a complété la fête en mettant le feu à une meule de grain (valeur : 1500 francs).

« J'étais ivre », expliqua-t-il aux jurés.

2° Émile Jeanpierre, vingt ans, et Joseph Geslin, quinze ans, étant pris de boisson, ont fait une gageure : « Veux-tu parier que je f... le feu à la grange? » a dit Jeanpierre.

« Vas-y! » a répondu Geslin.

Le président interroge les prévenus :

Réponse : « On ne se rappelle pas... on était saouls. »

3° Auguste Normand, dix-neuf ans, a incendié une fromagerie d'une valeur de 125 000 francs.

Mais il s'exprime en termes distingués :

« J'ai agi sous l'empire de l'ivresse. »

4° Pouchard, journalier, trente-cinq ans, ayant touché sa paie, a bu pour dix francs d'eau-de-vie... Sa patronne, la veuve Roussel (soixante et onze ans), lui ayant refusé un nouveau crédit, il a massacré la vieille dame à coups de faucille.

« J'étais un peu excité, dit-il, à l'audience. J'avais bu un petit coup.....Vous savez ce que c'est. »

5° Le nommé Daniel, cinquante-six ans, las de rosser sa femme, l'a empoisonnée en mettant de la strychnine dans son café.

Circonstances atténuantes : les époux Daniel passaient leur vie au cabaret ; tout ce qu'ils gagnaient était aussitôt converti en boissons alcooliques.

RÉSUMÉ

1. Il faut que l'homme choisisse entre deux guides : la volonté ou la passion.

2. L'homme qui veut est un homme libre. L'homme qui ne sait pas vouloir ne s'appartient plus : il est l'esclave de la passion qui le mène.

3. Dès l'enfance, il faut apprendre à vouloir.

4. Toute passion dont on triomphe laisse dans le cœur l'impression joyeuse d'une victoire gagnée.

QUESTIONNAIRE

Quel est votre premier mouvement, céder à la passion ou y résister ?

Est-il impossible de triompher de la peur ? de la paresse ? de la gourmandise ? du bavardage ? (Exemples divers.)

Racontez l'histoire de Buffon et de son domestique Joseph.

LECTURES

Histoire de rire.

Deux ou trois fois dans la journée
Un petit verre, — une tournée, —
Le soir, les chansons et le jeu, —
C'est le soleil après la pluie ;
Constamment trimer vous ennuie :
Il faut bien qu'on s'amuse un peu.

Ainsi discourait un brave homme.
Pas plus méchant qu'un autre, en somme,

Mais qui tout bas me fit l'aveu
Qu'il préférait à son ménage
Les caboulots du voisinage :
Il faut bien qu'on s'amuse un peu.

Aujourd'hui, voyez-le qui passe :
Soul, battant les murs, la voix grasse ; —
Ses enfants n'ont ni pain ni feu ; —
Dans la misérable demeure
Le père est fou, la mère pleure :
Il faut bien qu'on s'amuse un peu.

(Inédit.)

L'Alcool et la Criminalité.

Avant-hier, à la Plaine-Saint-Denis, un enfant de treize ans se précipitait tout en larmes dans l'escalier de sa maison en criant : « Mon père vient de tuer ma mère! » Les voisins accoururent; près du cadavre d'une jeune femme de trente-trois ans, dont la carotide était tranchée d'un coup de couteau; on trouva, en effet, le mari, hébété par l'ivresse, et qui se laissa emmener sans résistance; il balbutia qu'il avait cédé à un accès de jalousie et ne nia pas du reste avoir « bu plus que d'habitude ». De ce fait, sept enfants restent orphelins de mère et ont un père assassin.

(*Journal des Débats*, mai 1910.)

MAXIMES DE LA SEMAINE

111. *Mettez toujours au premier rang la droiture du cœur.* (CONFUCIUS.)

112. *Jour où les paresseux travaillent et où les fous se réforment : demain!*

113. *Qui sait tout souffrir peut tout oser.* (VAUVENARGUES.)

114. *Ne pouvant changer les autres, change-toi toi-même.*

115 *Un homme neutre est un homme nul.* (JULES SIMON.)

VINGT-QUATRIÈME LEÇON

Veux-tu savoir comment on devient un homme ?

Aujourd'hui, mes enfants, je ne vous ferai pas de leçon de morale. Je vous raconterai deux histoires vraies :

1. D'abord, celle de Christophe Colomb :

C'était le fils d'un pauvre cardeur de laine, de Gênes. Son enfance fut des plus misérables : il fut apprenti tisserand, puis il s'embarqua vers l'âge de quatorze ans et passa de longues années en mer, comme matelot. Il avait mené une vie si rude, qu'à trente ans il avait déjà les cheveux blancs.

A force d'énergie, il avait acquis quelque instruction. Tout jeune, il avait été frappé d'une idée qui ne le quitta plus. Il était persuadé que la terre est ronde. Si elle est ronde comme une boule, il est clair qu'on doit pouvoir en faire le tour. Et, par exemple, pour aller aux Indes qui sont à l'est de l'Europe, on peut se diriger vers l'ouest et aller devant soi jusqu'à ce qu'on rejoigne les Indes. Ce sera plus long, mais on doit y arriver. C'était une idée très simple, mais trop simple. Il ne se rendait pas compte de la longueur du voyage ; il ne prévoyait pas que tout un continent, l'Amérique, lui barrerait la route à mi-chemin.

Faute de ressources pour entreprendre une pareille expédition, Christophe Colomb devait tâcher de trouver un roi qui, ayant confiance dans son entreprise, lui donnerait les moyens de la tenter. Il s'adressa naturellement au pays qui était alors à la tête des puissances maritimes, le Portugal. Le roi écouta ses plans, parut les accueillir, et, dit-on, envoya secrètement un vaisseau pour tenter de voler à Colomb son idée. Le vaisseau revint sans succès, mais Colomb s'adressa ailleurs, à la république de Gênes, sa patrie, à Venise, enfin à l'Espagne.

Après de longs délais, d'interminables discussions, des allées et venues à la suite de la Cour pour obtenir audience, le comité chargé enfin d'examiner sa demande se prononça pour le refus. Tout était perdu. Les enfants même, en voyant

passer dans la rue l'homme qui voulait aller aux Indes en
leur tournant le dos, se frappaient le front et raillaient le
pauvre fou. Colomb, réduit à la misère, se mit en route à
pied pour quitter l'Espagne.

En arrivant le soir devant un monastère, il demanda au
portier du pain et de l'eau pour son petit garçon Diégo. Un
moine vint lui parler; il raconta son histoire, ses échecs
successifs, il exposa avec passion l'entreprise qu'il méditait.
Le moine fut touché de la grandeur de ce plan. Et, comme
il était connu de la reine Isabelle, il lui écrivit pour lui
demander une entrevue. Il l'obtint, et il persuada si bien sa
souveraine que, quelques jours après, elle fit réunir une
nouvelle commission qui examina le projet, y fut favorable
et décida l'expédition aux frais de la couronne de Castille.
Le 30 août 1492, l'ordre était donné d'armer trois petits
vaisseaux pour partir du petit port de Palos en Andalousie.
Colomb avait alors une cinquantaine d'années. Il y avait près
de vingt ans qu'il se débattait avec une indomptable énergie.

Était-il au bout de ses peines? Vous savez que non. Vous
avez lu sans doute le récit de ce long voyage, le décourage-
ment des matelots espagnols, leurs menaces de révolte, leur
terreur, en se croyant perdus en plein océan, sans vivres, si
loin de toute terre, leur mutinerie finale un jour qu'ils furent
sur le point de jeter à la mer leur commandant, l'admirable
fermeté de Colomb qui leur tint tête, enfin le dernier effort
quand il leur demanda de tenir trois jours encore :

Trois jours, leur dit Colomb, et je vous donne un monde !

2. — Vous savez le nom d'Édison, le roi de l'électricité,
l'inventeur d'innombrables machines qui ont révolutionné le
monde; n'en nommons que deux : le phonographe et la
lampe électrique Edison.

Mais ce que vous ne savez peut-être pas, c'est l'histoire de
son enfance. En voici quelques traits :

Il est né en 1847 dans une famille assez pauvre. Son père,
qui avait exercé plusieurs métiers sans bien réussir, était
brocanteur à Fort-Huron dans le Michigan. Le jeune Tho-
mas n'alla presque pas à l'école, il ne reçut guère d'autres
leçons que celles de sa mère. Mais, de bonne heure, il eut

un goût si vif de l'étude que la lecture lui faisait tout oublier.

Il n'avait pas douze ans quand son père, de plus en plus gêné, le fit entrer comme garçon de peine au chemin de fer. Au lieu de se borner à porter les bagages, il alla demander au gérant du buffet de lui avancer quelques sous, avec lesquels il acheta d'abord quelques journaux, puis des cigares, des pâtisseries, des rafraîchissements qu'il imagina de colporter dans le train; car, en Amérique, on circule constamment d'un bout à l'autre du train, et, comme on fait de très longs voyages, le petit colporteur pouvait faire plusieurs tournées pour offrir sa marchandise. Il l'offrait avec entrain et gaieté : au bout de quelques semaines, il prenait quatre autres gamins avec lui pour servir de commis. Bientôt, il put les laisser faire et s'installer lui-même dans le fourgon pour lire à son aise.

Un jour pendant l'arrêt, il voit un vieux matériel d'imprimerie qu'on voulait vendre; il l'achète pour une petite somme, l'emporte avec lui dans le train, se fait accorder un coin dans un wagon, y installe une petite imprimerie bien primitive. Puis il s'adresse à une agence de renseignements, qui consent à lui adresser en cours de route, aux principales stations, des télégrammes donnant les nouvelles de la dernière heure. Aussitôt il les imprime lui-même, tire deux ou trois cents numéros avec une petite presse, les plie et court les offrir de wagon en wagon. Partout on fait bon accueil à ce « bon petit diable ». Et l'on s'amuse à lire les annonces, l'indication des objets perdus, les nouvelles locales, comme le cours du marché des villes où l'on passe : beurre, œufs, légumes, volailles.

Mais le « petit diable », non content d'être journaliste et imprimeur, s'était adonné aux expériences de physique et de chimie : il avait établi un petit laboratoire dans son coin de wagon. Un jour, le train, lancé à toute vapeur, heurtant un obstacle, eut un arrêt brusque. Un morceau de phosphore jeté sur le plancher prit feu et causa un commencement d'incendie. On l'éteignit vite, mais le conducteur jeta sur le quai tout le matériel, imprimerie et laboratoire. Ce brutal frappa l'enfant sur les oreilles, si fort que ce fut, dit-on, la cause de la surdité dont Édison fut atteint plus tard.

L'enfant ne se découragea pas. Le laboratoire, il obtint

de ses parents la permission de l'installer chez eux, dans la cave. Et, quant au journal, il s'entendit avec le fils d'un imprimeur pour en reprendre la publication. Un jour il publia quelque article blessant : un lecteur offensé prit par le fond de sa culotte le rédacteur en chef et le jeta dans le bassin du port. Heureusement il savait nager.

Il s'était épris des recherches sur la télégraphie et l'électricité. Une circonstance fortuite décida de son avenir. Un jour, il vit le bébé du chef de gare qui jouait sur la voie, un wagon détaché venait sur lui. En un clin d'œil, le jeune Édison jette son paquet de journaux, se précipite sur l'enfant et a le bonheur de le sauver : tous deux en étaient quittes pour quelques contusions. Reconnaissant, comme on le pense, le chef de gare se fit un plaisir d'apprendre au jeune homme tout ce qu'il savait de télégraphie. En peu de temps, l'élève en savait plus que le maître : il fabriquait lui-même et installait une petite ligne télégraphique entre Port-Huron et la gare. Et, peu de temps après, il entrait au service du chemin de fer comme opérateur de nuit au télégraphe, à 25 dollars par mois. Il n'avait pas seize ans.

A partir de là, il marche d'inventions en inventions : son génie est reconnu, et le monde entier le salue.

RÉSUMÉ

1. On ne devient un homme qu'à force d'énergie.

MAXIMES DE LA SEMAINE

121. *La force qui nous est le plus nécessaire, c'est l'empire sur nous-même.*

122. *Le travail seul constitue une nation.* (MIRABEAU.)

123. *La vertu est tout, la vie n'est rien.* (DIDEROT.)

124. *Le temps est comme l'argent, n'en perdez pas, vous en aurez assez.*

125. *Ne perdez pas une heure, puisque vous n'êtes pas sûr d'une minute.* (FRANKLIN.)

VINGT-CINQUIÈME LEÇON

Sais-tu que l'effort doit aller, s'il le faut, jusqu'au courage et le courage jusqu'à l'héroïsme ?

Mes enfants, vous vous figurez peut-être la vie comme une sorte de promenade facile où vous n'aurez qu'à laisser les choses aller toutes seules? Non. Vous l'avez déjà bien compris : 1° il n'y a pas d'homme sans la volonté; 2° il n'y a pas de volonté sans effort. Et j'ajoute maintenant : 3° il n'y a pas d'effort sans le courage. Et parfois le courage devra aller jusqu'à l'héroïsme.

Nous voilà au cœur de la question.

On ne vous dit pas : « Cela ira tout seul, vous n'avez rien à faire, cela ne vous coûtera jamais aucune peine. » On vous dit franchement au contraire : « Il y aura des moments où il vous faudra raidir votre volonté par un effort qui, dans certains cas, pourra aller jusqu'à l'intrépidité, jusqu'à l'héroïsme. C'est une exception, j'en conviens. Mais il faut l'avoir envisagée pour ne pas reculer si elle se présente.

Comme un exemple, surtout emprunté à votre âge, vous instruira plus que toutes les leçons, écoutez cette histoire :

Le petit mousse.

Mince comme une fille et un peu plus haut qu'une botte, il venait de s'engager mousse à bord du *Titan* quittant Liverpool. Personne ne l'avait accompagné quand on l'avait inscrit sur les rôles... et il s'en allait, à douze ans, tenter la fortune sur mer.

On l'avait accoutré dans ses nouveaux habits, chemise de serge bleue, béret noir à mèche rouge, des bas de laine, un pantalon de cuir serré aux hanches par une courroie. Il avait de grands yeux bleus de ciel, un peu tristes dans la pâleur de son visage encadré de cheveux blonds.

Peu à peu, la terre s'efface, et devant, derrière, à bâbord, à tribord, l'eau seule reste visible, grondeuse, balançant le navire de son branle sans fin.

Une nuit, tandis que le petiot reposait, bercé par un rêve d'or, une voix, sonnant comme un clairon, réveilla les dormeurs du haut de l'écoutille : « Ohé! Ohééé! Tout le monde sur le pont! » Des têtes se dressèrent en sursaut. Le bâtiment, tourmenté, craquait, tandis qu'à travers les agrès, la rafale, annonçant la tempête, passait en folie.

La besogne allait être dure. On débuta par une rasade de genièvre. Les hommes, à la file, passaient devant le distributeur, vidant le même verre, aussitôt rempli pour le suivant.

Quand notre mousse, tremblant déjà dans la tourmente, dut avancer, le verre plein d'alcool lui fut tendu brutalement. Alors, de sa voix douce d'enfant : « Excusez-moi, s'il vous plaît. Je préfère ne pas boire.

— Tu dis? moussaillon de malheur!... » fit le matelot en lampant d'un coup la potée de genièvre.

On ne s'occupa plus du mousse...

Après la tempête, le distributeur d'alcool empoigna le petit mousse par le cou, et, le faisant pirouetter devant le capitaine : « Capitaine, sauf votre respect, voilà un particulier qui rechigne à la distribution.

— Il faut, dit le capitaine, que tu apprennes à boire de l'eau-de-vie, si tu veux être un vrai matelot.

— Pardon, capitaine, je préfère ne pas boire. »

Le capitaine n'était pas homme à entendre les mousses discuter ses ordres. « Qu'on lui donne la corde! »

Le matelot eut un ricanement. Un bout de cordage traînait sur le pont : le fouet mouillé siffla dans l'air, zébrant de raies livides les épaules du petiot.

A chaque coup, des larmes sautaient de ses yeux, de ses beaux grands yeux bleu de ciel.

« Maintenant, dit le capitaine, boiras-tu?

— S'il vous plaît, je préfère ne pas boire.

— Ah! tête de mulet, monte au grand mât, tu y passeras la nuit ».

Le pauvre enfant leva tristement les yeux vers le mât, mais il obéit et escalada les cordages. Lugubre nuit! A cette hauteur, le balancement du navire devenait formidable.

A l'aube, en se promenant sur le pont, le capitaine se souvint du mousse. « Hé! là-haut! » cria-t-il. Pas de réponse.

« Descends, m'entends-tu? » Toujours rien.

Un matelot grimpa à l'échelle de corde et trouva l'enfant à moitié gelé. Dans la crainte de tomber à la mer, quand le navire plongeait, le mousse avait serré le mât de ses deux bras, si fort, si fort, que le matelot eut de la peine à l'en détacher.

Il le descendit sur le pont, et, là, quelques hommes d'équipage le frottèrent jusqu'à ce qu'il reprît connaissance. Quand il fut en état de s'asseoir, le capitaine lui versa un grand verre de rhum.

« À présent, bois cela, mon garçon.

— S'il vous plaît, capitaine, je préfère ne pas boire.

— Je ne permets pas qu'on me résiste! Tu le boiras avant de manger quoi que ce soit!

— Ne vous fâchez pas, je vais vous dire le motif de mon refus. Nous étions heureux à la maison autrefois, mais notre père se mit à boire. Il ne nous donnait plus d'argent pour acheter du pain. Un jour, on vendit notre maison et ce qu'elle contenait, et, voyez-vous, cela brisa le cœur de ma pauvre mère. Avant de mourir, elle m'appela près de son lit et me dit : « Jack, tu sais ce que la boisson a fait de ton « père. Il faut me promettre de ne boire jamais d'alcool. » — « Oh! capitaine, voudriez-vous me faire manquer à la promesse faite à ma mère mourante? »

Le capitaine était ému; une larme brillait dans ses yeux. Il saisit l'enfant et, l'embrassant, il lui dit :

« Non, non, mon petit brave! tiens ton serment, et si quelqu'un veut te faire boire, viens me le dire, je te protégerai. Et, pour te dédommager de la punition que je t'ai fait subir, voici un billet dont tu feras ce que tu voudras. »

Il tendit au petiot un billet de banque anglais, et, se tournant vers les loups de mer, il ronchonna entre les dents : « Tâchez de soigner ce gosse-là, vous les marsouins! C'est un homme, ça!... »

ALBERT VAN DE KERCKHOVE,
(Dans les Lectures choisies de Frenay, Liége.)

Je vous laisse réfléchir sur ce que je viens de vous lire. Vous n'aurez peut-être jamais un sacrifice si grand à faire. Mais malheur à qui n'apprend pas dès ses premières années à faire tous ces genres d'efforts, car sans l'effort il n'y a de vie ni pour le corps, ni pour l'esprit. Effort d'énergie ou de patience, effort de promptitude ou de persévérance, de courage actif ou passif, effort de bonne humeur ou d'entrain, effort de justice ou de bonté, de force ou de douceur : vous aurez beau multiplier les termes tant que vous voudrez, cela signifiera toujours qu'il faut se forcer à faire ce dont on n'avait d'abord nulle envie.

Allez-vous, là-dessus, vous plaindre et gémir? « Quoi! toujours se donner de la peine! toujours lutter au lieu de se laisser aller à sa fantaisie! tendre sans cesse tous ses ressorts, ceux du corps ou ceux du cerveau! » — Mais oui, mes enfants, c'est cela, la vie. La vie est une bataille. Et, ne vous y trompez pas, c'est pour cela qu'elle vous plaît.

La première fois qu'un devoir se présente à vous, il vous surprend : pour le faire, il vous faut tendre toutes vos forces. Il vous semble que c'est un gros travail. Et si vous en venez à bout, vous êtes tenté de dire : « C'est bien beau, ce que j'ai fait là. » A mesure que vous avancez en âge, vous vous apercevez que tous les honnêtes gens agissent de même sans s'imaginer pour cela qu'ils ont fait quelque chose d'admirable. Comme eux, vous en prenez l'habitude. On n'est vraiment vertueux que quand la vertu, au lieu d'être un effort, est devenue une habitude.

RÉSUMÉ

1. Tout acte de volonté commence par un effort, c'est-à-dire par une lutte contre notre paresse et notre égoïsme.

2. Tout effort qui se continue cesse d'être pénible : il engendre le courage.

3. L'effort, puis le courage, nous habitue à agir en hommes : par l'habitude, la tâche la plus difficile devient non seulement facile, mais agréable.

LECTURES

Par l'effort.

L'humanité n'a grandi que par une suite d'efforts ininterrompus. Quel chemin elle a fait depuis les outils en silex et en bronze jusqu'aux machines de fer et d'acier mues par la vapeur et l'électricité !

... Lentement enrichie par des milliers de générations humaines, la civilisation ne se maintient que par les efforts quotidiens de tous ceux qui travaillent. Il en sera de vous comme de la civilisation, enfants: Vous ne vous élèverez et ne vous maintiendrez que par l'effort : effort en classe, effort chez vous, effort à l'atelier, effort pour tout. Vous êtes nés pour l'effort comme l'oiseau pour le vol.

Guéchot. Par l'effort. (Hachette.)

Les écoliers.

« C'est l'heure de la classe, a dit la mère, en route ! »
Les yeux pleins de sommeil, les petits écoliers
S'habillent à tâtons, mettent leurs gros souliers...
Et les voilà partis, grignotant une croûte !
Qu'il fait froid, ce matin ! Les arbres, en déroute,
Se courbent sous le vent qui cingle les halliers ;
Et la neige, poudrant les sillons réguliers,
S'attarde sur la terre et la recouvre toute.
Oui ! l'école est bien loin et l'hiver est bien dur !
Marchez, pourtant, marchez d'un pas vaillant et sûr,
Enfants, vers le devoir, le travail, l'espérance...
Chacun, pour le pays, doit peiner à son tour...
Marchez vers le savoir, car vous serez un jour,
Humbles petits cerveaux, le cerveau de la France !

Jacques Normand.
Les visions sincères. (C.-Lévy, éditeur.)

MAXIMES DE LA SEMAINE

126. *Rien de ce qui est bien ne se fait aisément.*

127. *La pièce la plus importante d'un homme, ce n'est pas son savoir ni son talent : c'est son caractère.*

128. *— Tu as échoué: Recommence !*

129. *Le monde appartient à l'énergie.* (de Tocqueville.)

130. *Rester soi, c'est une grande force.* (Michelet.)

VINGT-SIXIÈME LEÇON

Sais-tu ce que c'est que d'avoir du courage?

Vous avez bien retenu, mes enfants, qu'il n'y a qu'une manière de devenir un homme : c'est de le vouloir. Et vouloir agir en homme, au lieu de se laisser aller sans résistance à tous ses penchants, c'est impossible sans le *courage*.

Pourriez-vous donner des exemples de courage ?

(Réponses des élèves. Ne vous étonnez pas s'ils entassent pêle-mêle les différents actes de courage qu'ils se représentent. A vous d'y mettre un peu d'ordre.)

Vous m'avez cité d'abord le courage du soldat. C'est bien naturel. Il n'y a pas longtemps que la France entière a donné un spectacle admirable : les hommes valides ont enduré pendant plusieurs années tous les dangers et toutes les souffrances pour sauver leur patrie et, avec elle, les autres peuples menacés par l'Allemagne.

Le *Bulletin des armées de la République* a signalé l'héroïsme des soldats. Laissez-moi vous lire quelques lignes qu'il contient dans la fascicule 2 :

« Au cours des opérations préparatoires de notre victoire de la Marne, un régiment d'infanterie traversa le village de Neuilly-en-Thelle (Oise). Le jeune André Guédé, âgé de douze ans, dit à sa mère : « Je veux suivre les soldats », et il accompagna le régiment.

« Le sous-lieutenant Grivelet, de la 10ᵉ compagnie, prit l'enfant avec lui. Le petit André s'attacha à son officier; durant les trois jours de combat de Bouillancy, il resta à ses côtés sur la ligne de feu. Il ne le quitta point sous un ouragan ininterrompu de mitraille.

« L'enfant n'eut rien. Mais le sous-lieutenant Grivelet fut assez gravement blessé, le troisième jour du combat. Sous le feu, André Guédé aida son officier à gagner l'ambulance.

« Il lui prit son sabre, son revolver, ses cartes, sa musette, avec, en plus, le casque d'un officier allemand. Pendant trois heures, l'enfant courut derrière la voiture qui, d'ambulance en ambulance, portait le lieutenant Grivelet à la gare d'évacuation; il se glissa dans le train de blessés, et, le 10 septembre, il arrivait avec son officier à l'hôpital de Rivabella (Calvados).

Passons maintenant aux traits de courage qui se sont produits ailleurs qu'à l'armée.

En voici un tout récent que l'*Officiel* enregistre en ces termes, en mentionnant une attribution de la croix de la Légion d'honneur à titre posthume :

« Le gouvernement porte à la connaissance du pays la conduite héroïque de Mme Bettremieux, née Marie Buisine. Chargée de la garderie d'enfants d'une usine à Roubaix, le feu s'étant déclaré dans le bâtiment au cours de la soirée du 24 octobre 1924, a procédé avec un admirable courage au sauvetage de six enfants. Deux d'entre eux restant à sauver, n'a pas hésité à rentrer dans la fournaise pour les arracher aux flammes. A péri ensevelie sous les décombres. »

Le feu se déclara, dans le sous-sol de l'usine, au milieu de l'après-midi, se propagea avec une rapidité foudroyante et atteignit très vite l'escalier de la pouponnière.

C'est alors que, dans la terreur générale, retentit ce cri d'épouvante : « Les enfants!... »

Toutes les mamans se précipitèrent vers la garderie confiée à Mme Marie Bettremieux, âgée de cinquante-cinq ans, et où se trouvaient alors une dizaine de bébés.

Quatre ouvriers purent saisir cinq enfants que Mme Bettremieux poussait devant elle, les descendirent par une porte-fenêtre dans la cour. Mme Bettremieux, restée seule sur le palier de la garderie, réussit à ramener en deux fois quelques bébés qu'elle jeta dans les bras des sauveteurs. C'est dans un troisième retour vers le fond du dortoir, où se trouvaient les berceaux des deux derniers enfants (un garçonnet de trois ans et une fillette de dix-huit mois) que l'héroïque gardienne disparut dans les flammes. (*L'Illustration.*)

Ne pouvons-nous pas appliquer à tous ces exemples de courage le vers superbe de Victor Hugo :

Que m'importe le corps? Qu'il marche, souffre et meure!

N'oublions pas le courage dans le travail dont parle Jean Aicard, ce poète ami des enfants :

Le courage n'est pas seulement au soldat;
Il n'est pas seulement à l'homme qui se bat
Pour défendre un pays qui pense et qui travaille ;
La vie est elle-même un vrai champ de bataille,
Où chaque travailleur a son courage à lui,
Fuir le travail qu'on doit, c'est encore avoir fui !
Tout le monde, partout, travaille dans le monde ;
Le pêcheur ne craint pas le vent qui souffle et gronde...
Il lutte avec la mer pour prendre le poisson ;
Parfois le soleil tue, au temps de la moisson ;
Le carrier meurt, rongé de poussières malsaines ;
Le bûcheron, parfois, tombe du haut des chênes,
Le maçon, le couvreur, du faîte des maisons ;
Le pauvre balayeur respire des poisons...
— Et moi, moi qui n'ai pas beaucoup de peine à vivre,
N'ayant qu'à fatiguer mes bons yeux sur mon livre,
Pour apprendre à chérir ceux qui travaillent tant,
Je dirais toujours : « Non ! » Je serais mécontent?...
La vie est un combat : je veux remplir ma tâche.
Celui qui fuit le champ du travail est un lâche !

Une autre forme de courage moral consiste à supporter l'injure, les calomnies, la misère, l'exil plutôt que de trahir sa conviction. Ainsi, quand par le coup d'État du 2 décembre 1851, Louis Napoléon eut renversé la République qu'il avait juré de servir, Victor Hugo protestait au nom de la conscience humaine en écrivant de Jersey les vers célèbres que voici :

Oui, tant qu'il sera là, qu'on cède ou qu'on persiste,
O France ! France aimée et qu'on pleure toujours,

1. J. AICARD, *Le livre des Petits* (Delagrave).

Je ne reverrai pas la terre douce et triste,
Tombeau de mes aïeux et nid de mes amours!
Je ne reverrai pas la rive qui nous tente,
France! hors le devoir, hélas! j'oublierai tout.
Parmi les éprouvés, je planterai ma tente :
Je resterai proscrit, voulant rester debout.
Si l'on n'est plus que mille, eh bien, j'en suis! Si même
Ils ne sont plus que cent, je brave encore Sylla[1].
S'il en demeure dix, je serai le dixième;
Et s'il n'en reste qu'un, je serai celui-là.

V. Hugo, Les Châtiments.

Qu'est-ce qu'un homme?
demande Charles Wagner.

« Un homme, c'est celui qui a le cœur fraternel, qui ne conçoit pas un bonheur séparé du bonheur des autres, qui reste uni à l'ensemble, qui aime l'humanité, comme il aime sa famille et sa patrie.

« Un homme, c'est celui qui essaie de se gouverner, non selon ses passions, ses intérêts ou le caprice et la violence d'autrui, mais selon la loi de la justice.

« Un homme, c'est celui qui sait combattre et souffrir pour tout ce qui est bon, pour tout ce qu'on aime, pour tout ce qu'on adore. C'est celui qui sait haïr le mal, sachant bien que notre ennemi suprême, le seul au fond, c'est le mal.

« Un homme, enfin, c'est celui qui sait mourir; qui comprend que donner sa vie, ce n'est pas la perdre, mais la sauver : c'est pénétrer de l'éphémère dans l'éternel.

Charles Wagner. (Vaillance.) Fischbacher, éd.

Lire ou résumer l'histoire du pauvre potier Bernard Palissy (dans Guéchot, Par l'effort, p. 259, Hachette), ou l'histoire du pauvre ouvrier Jacquart, même ouvrage, p. 262, ou les belles pages sur l'enfance de Michelet, p. 274.

1. Le poète compare Louis Napoléon au romain Sylla qui avait, par un crime analogue, violé ses serments et imposé par la force sa tyrannie à la république romaine.

RÉSUMÉ

1. Le courage est la force que l'homme met à défendre, au prix d'un danger ou d'une souffrance, son droit et son devoir.

2. Le courage militaire est celui du citoyen qui expose et, au besoin, sacrifie sa vie pour sa patrie.

3. Il y a lieu de déployer du courage non seulement dans la vie militaire, mais partout où l'homme est appelé à travailler.

QUESTIONNAIRE

Qu'appelez-vous courage?

1. — Courage militaire.

2. — Courage civil.

3. — Courage de la femme (Exemples : la femme cultivatrice pendant la guerre : la femme infirmière, la femme ouvrière dans les usines de guerre, etc.)

4. — Courage de l'enfant. Quel genre de courage peut-on lui demander? (Énergie au travail en classe et à la maison, efforts persévérants pour se bien conduire.)

5. — Courage moral.

MAXIMES DE LA SEMAINE

151. *L'homme est un apprenti : la douleur est son maître.* (ALFRED DE MUSSET.)

152. *Pour obtenir des hommes le simple devoir, il faut leur montrer l'exemple de ceux qui le dépassent.* (RENAN.)

153. *La morale se maintient par les héros.* (RENAN.)

154. *Il y a un moyen de devenir plus heureux tous les jours : c'est de devenir meilleur.* (SAUVAGE.)

155. *Par l'âme, tous les hommes sont égaux.* (RENAN.)

VINGT-SEPTIÈME LEÇON

Sais-tu ce que c'est que la société humaine?
Famille — commune — nation — humanité.

Mes chers enfants, avez-vous pensé quelquefois à ce que vous seriez si les autres n'existaient pas? Essayez de vous représenter ce qui arriverait.

D'abord les tout petits enfants, ceux qui ne savent pas encore marcher, ni parler, ni même manger seuls, pourraient-ils vivre et grandir? Sans une maman, quel bébé subsisterait?

Mais quand vous êtes plus grands, pouvez-vous vous suffire? Comment se procurer la nourriture? Comment se faire des vêtements? Comment se construire une maison? Comment apprendre à parler? Comment inventer un nom pour chaque chose? Comment trouver des signes pour exprimer nos diverses pensées, nos désirs, nos craintes, nos projets, nos émotions?

L'enfant réduit à lui-même ne saurait refaire, à lui tout seul, tout ce que des centaines de générations ont imaginé avant lui. Fût-il très intelligent, il n'y parviendrait jamais.

Il a fallu des siècles et des siècles, il a fallu des millions et des millions d'hommes travaillant l'un après l'autre, unissant leurs efforts, pour rassembler l'immense quantité de choses utiles, agréables, précieuses, indispensables, que vous trouvez autour de vous, à votre disposition, au sortir du berceau. Vous n'avez qu'à écouter et à regarder : tout est là sous votre main, sous vos yeux; tout est prêt à vous instruire, à vous servir, à vous rendre la vie facile, douce et aimable.

Quelle est la première société que vous connaissiez? Par où l'enfant commence-t-il à prendre contact avec le monde?

La famille! oui, vous le dites tous, avec raison. Voilà pour l'enfant la première et même, au début, la seule forme de la société qu'il connaisse.

(Le maître accueillera avec bienveillance les détails que les

élèves lui fourniront à l'envi. Il leur fera définir le rôle du père, de la mère, des grands-parents, des enfants aînés aidant les parents à soigner les plus jeunes. Il leur fera trouver des exemples de sentiment familial, des marques d'affection et de confiance mutuelle dans une famille.)

Mais l'enfant grandit. Son horizon s'étend. Après sa famille, il apprend à voir d'autres familles. Il s'aperçoit qu'une famille n'est pas faite pour vivre seule. Elle aussi, elle a besoin d'autrui. Chacune d'elles offre aux autres quelque chose dont les autres ont besoin. Chaque famille par son travail contribue à la prospérité de l'ensemble. Il se forme un nouveau groupe, une société de familles, un village, une commune, une cité. Tous les habitants de ces lieux ont quelque chose de commun, ils aiment tous le centre qui les réunit. Ils on' des intérêts communs, les mêmes habitudes, la même plaine à cultiver, la même église où ils se rencontrent le dimanche, les mêmes routes, la même place où ils se réunissent. Toutes ces familles désirent que la commune ait de bons chemins ruraux, des fontaines, des abreuvoirs, des puits, une pompe à incendie, une école.

Voilà donc un second degré de la société. Après la vie *familiale*, c'est la vie *communale* ou *municipale*.

Puis se forme un troisième groupement. Les citoyens, groupés par canton, par arrondissement, par département, constituent ce qu'on appelle la nation, le peuple. C'est tout le pays, ce sont des millions d'hommes qui se sentent frères parce qu'ils parlent la même langue, ont le même gouvernement, les mêmes lois, les mêmes institutions. Ce pays qui se compose de toutes les communes et de toutes les familles, c'est la patrie, c'est la France.

Nous voilà arrivés à la *vie nationale*.

Est-ce tout? Non, mes enfants; à côté de notre nation, il y en a beaucoup d'autres. Nous ne les connaissons pas aussi bien, et nous ne les aimons pas autant que notre patrie, mais il ne faut pas les ignorer. Nous devons à toutes le respect dont nous voulons voir la nôtre entourée. Le plus large cercle de la société, c'est la société humaine, *l'humanité*.

Nous en faisons tous partie : tous les hommes doivent

infiniment à cette société qui, depuis des centaines de siècles, va se développant, se civilisant, se perfectionnant au point de vue matériel, intellectuel et moral. Elle a commencé par l'état sauvage. Voyez quel progrès elle a accompli ! Et elle continue.

RÉSUMÉ

1. L'homme à l'état d'individu isolé n'existe pas, ne peut pas exister.

2. A mesure que l'humanité passe de l'état sauvage à un état de plus en plus civilisé, il se forme entre les hommes trois degrés naturels de groupements :

1° La *famille*, réunion des parents et des enfants ;

2° La *commune* ou *cité*, réunion des familles du même lieu ;

3° La *nation*, réunion de tous les habitants d'un même pays.

QUESTIONNAIRE

Qu'est-ce que la famille ?

Que doit l'enfant à la famille ?

Pourquoi un enfant qui n'aimerait pas ses parents passe-t-il pour un enfant dénaturé ?

Qu'est-ce que l'amour filial ?

Qu'est-ce que l'amour fraternel ?

Pourquoi l'obéissance de l'enfant à ses parents est-il un sentiment naturel ?

LECTURES

Être utile.

O la grande et belle destinée des hommes qui peuvent se dire à leur lit de mort : « Ma vie n'a pas été inutile ; je n'ai pas été un oisif sur la terre : poète, j'ai consolé les hommes par mes vers ; homme d'État, j'ai servi ma patrie par mes paroles et par mes actes ; soldat, je l'ai défendu par les armes. »

Moins que cela! Heureux celui qui peut se dire : « J'ai donné à mes concitoyens un bon métier pour filer le chanvre; je leur ai enseigné le moyen de conserver le poisson en le faisant sécher à la fumée! » Il n'y a pas de petits services rendus à la cause de l'humanité. La Hollande a élevé une statue de bronze au matelot qui lui enseigna à sécher le hareng! Bienheureux ceux qui ont été utiles à leurs semblables! Ils ont rempli toute leur destinée ici-bas; ils peuvent mourir en paix : ils ont pour eux la reconnaissance des hommes.

Jules Janin.

L'humanité est une grande famille.

Je ne puis éprouver ni de la colère, ni de la haine, contre un membre de la famille à laquelle j'appartiens moi-même. Nous sommes tous faits pour concourir à une œuvre commune, comme, dans notre corps, y concourent les pieds, les mains, les yeux, les rangées de nos dents en haut et en bas de la mâchoire. Agir les uns contre les autres est donc certainement manquer à l'ordre naturel.

Marc Aurèle. Pensées.

Le fuseau de ma grand'mère.

Ah! le bon temps qui s'écoulait
Dans le moulin de mon grand-père!
Pour la veillée on s'assemblait
Près du fauteuil de ma grand'mère.
Ce que grand-père racontait
Comme en silence on l'écoutait!
Et comme alors gaiement trottait
Le vieux fuseau de ma grand'mère!
Et quel bon temps, quel temps c'était!
Grand-père était un vieux bonhomme :
Il avait tout près de cent ans!
Tout était vieux sous son vieux chaume,
Hors les enfants de ses enfants!

Vieux vins dans de vieilles armoires,
Vieille amitié douce toujours !
Vieilles chansons, vieilles histoires.
Vieux souvenirs des anciens jours !
Grand'mère était la gaieté même :
On la trouvait toujours riant ;
Depuis le jour de son baptême,
Elle riait en s'éveillant ;
De sa maison, riant asile,
Elle était l'âme : aussi, depuis
Que son fuseau reste immobile
On ne rit plus dans le pays...

Édouard Plouvier.

MAXIMES DE LA SEMAINE

136. *Il n'y a pas d'ingratitude plus odieuse que celle des enfants envers leurs parents.*

137. *Quand tu ressens un secret plaisir à trouver ton prochain en faute, tu n'es pas meilleur que lui.* (Stahl.)

138. *Servir la patrie est la moitié du devoir; servir l'humanité est l'autre moitié.* (Victor Hugo.)

139. *Qui ne plaint personne ne mérite pas qu'on le plaigne.* (Chateaubriand.)

140. *Heureux celui qui peut se dire à son lit de mort :* « Ma vie n'a pas été inutile ». (J. Janin.)

VINGT-HUITIÈME LEÇON

Sais-tu et veux-tu te mettre à la place d'autrui ?

Famille, cité, nation : la société humaine est fondée. L'homme ne pouvant vivre seul, vit avec ses semblables. Sans eux, il périrait ; avec eux, et en partie grâce à eux, il peut résister à tous les dangers qui l'environnent.

Voilà qui est bien. Pouvons-nous en rester là ? Faut-il laisser à chacun la liberté d'agir comme bon lui semblera ? Ou doit-on l'enfermer dans des obligations déterminées d'avance ? En d'autres termes, y aura-t-il ou n'y aura-t-il pas une règle commune ? Qu'en pensez-vous ?

Il y en a peut-être parmi vous qui trouvent que ce serait bien plus simple de laisser chacun faire à sa guise. Il n'y aurait rien de commandé, rien de défendu. Tâchez de vous représenter ce qui arriverait.

(Essayez de faire découvrir par les enfants eux-mêmes ce que serait une société humaine sans règle, sans contrainte et sans contrôle, chacun obéissant à ses passions.

Essayez d'amener les enfants à voir, en imagination, une humanité sauvage, brutale, pareille à une caverne de brigands, pire qu'une bande de loups, car les loups ne se mangent pas entre eux. Les hommes, que rien ne retiendrait, ne connaîtraient que la loi du plus fort, chacun s'emparant de ce qu'il pourrait saisir, sans s'occuper des autres, si ce n'est pour les écraser. Et puis le plus faible à son tour se défendant par la ruse et saisissant toute occasion de se venger.

Il n'est pas impossible de faire apparaître ce tableau de la barbarie dans l'esprit des enfants.)

Voilà bien ce que serait le monde, s'il n'y avait pas de règles : la force toute seule, la force brutale y régnerait. Ce ne serait pas une société humaine, pas même ou à peine une société animale.

Ce qui a fondé la société humaine, c'est que les hommes ont compris qu'il fallait créer une règle applicable à tous sans exception.

Savez-vous qu'elle est cette règle?

*(Si les enfants ne la trouvent pas, les mettre sur la voie:
n'avez-vous jamais entendu dire : « Ne fais pas à autrui... »
Aussitôt toutes les mains se lèvent, chacun demande à finir la
phrase.)*

Ne fais pas à autrui ce que tu ne veux pas qu'on te fasse.

Pendant longtemps, les hommes se sont contentés de ce
commandement. Mais ils ont fini par reconnaître que cela
no suffisait pas.

Ce que déjà, dans l'antiquité, quelques grands esprits et
quelques nobles cœurs avaient entrevu, l'Évangile l'a fait
pénétrer dans les masses humaines en complétant ce premier
précepte par un autre, que vous allez me dire :

Fais à autrui ce que tu voudrais qu'on fît pour toi.

Ce sont ces deux commandements que l'on appelle quelquefois la règle d'or.

Vous saisissez cette image : l'or est le plus inaltérable des
métaux. On veut dire que cette double règle est aussi ferme,
aussi invariable, aussi précieuse que le plus précieux des
métaux.

De cette double règle, la première moitié est négative :
elle indique ce qu'il ne faut pas faire; la seconde est positive :
elle dit ce qu'il faut faire.

Dans les deux cas, comment connaissez-vous votre devoir?
Tout simplement en vous mettant par la pensée à la place
d'autrui. Nous n'avons qu'à nous demander : « Si c'était
moi, qu'est-ce que je voudrais que les autres me fissent? »

Ne jamais agir avec les autres comme nous trouverions
mauvais qu'ils agissent avec nous; inversement, faire pour
eux ce que nous trouverions bon qu'ils fissent pour nous :
voilà tout.

Exemple pour le premier cas :
J'ai bien envie de m'approprier un objet qui appartient à
mon voisin. Que me dit la règle? Elle m'ordonne de renver-

ser les termes, de supposer que l'objet est à moi et que c'est
mon voisin qui veut s'en emparer. Comment jugerais-je sa
conduite? Trouverais-je qu'il a raison d'agir de la sorte?
Est-ce que je consentirais à ce qu'on vienne m'enlever mon
bien? Non. Alors, de quel droit prendre à un autre ce que
je ne lui permettrais pas de me prendre à moi?

Exemple pour le second cas :

Je vois un malheureux qui implore un secours, qui me
supplie de lui venir en aide, par un prêt, par une démarche,
par un service quelconque. Mais cela me dérangerait, ou
me coûterait. Je refuse donc de m'occuper de lui. Que me
dit la règle? Elle m'ordonne de supposer que c'est moi qui
suis le malheureux, le suppliant, et que c'est lui qui me
refuse aide et protection. Comment jugerais-je sa conduite?
L'approuverais-je? Je voudrais, au contraire, qu'il me tendît
la main, n'est-ce pas? Alors, comment puis-je refuser de lui
tendre la mienne? Comme j'estime qu'il devrait faire cela
pour moi, moi aussi je dois le faire pour lui.

Ainsi, rien n'est plus simple : il n'y a qu'à se mettre par la
pensée à la place de l'autre, il n'est pas besoin de se livrer à
de grands raisonnements. Faites tout bonnement l'épreuve
sur vous-même. Imaginez-vous que c'est vous qui êtes l'autre.
Et vous découvrirez sur l'heure ce qu'il convient de faire,
vous comme lui, lui comme vous.

Cela revient à dire tout simplement : traite les autres
comme toi-même, et toi-même comme les autres. Tu es un
homme comme eux, tu n'as ni plus de droits qu'eux ni moins.
Ce que tu veux qu'ils t'accordent, tu le leur accorderas de
même.

Ainsi, mes enfants, nous voilà revenus à notre point de
départ.

Pour savoir ce que nous avons à faire, il faut et il suffit
que nous consultions... qui? Des livres? Des savants? Non.
Mais uniquement notre conscience. Elle nous dira tout de
suite comment il faut agir.

Et pourquoi nous le dit-elle si aisément? C'est qu'elle commence par nous placer sur le pied d'égalité parfaite avec nos
semblables. Elle pose en principe que ce qui est vrai pour
l'un est vrai pour l'autre et que Pierre doit être traité
comme Paul.

Hésiterions-nous par hasard à accepter cette égalité?

Osez donc dire que vous prétendez vous permettre ce que vous ne permettez pas aux autres! Osez dire que vous êtes, à vous tout seul, plus que le reste des humains!

Puisque personne, ici ni ailleurs, n'afficherait cette prétention, nous n'avons plus qu'à obéir à notre conscience.

Qu'il s'agisse de nous ou qu'il s'agisse d'un autre, elle ne fera aucune différence entre lui et nous, elle nous dictera clairement notre devoir. C'est la conscience qui nous dit, qui nous crie, qui nous commande : « Agis toujours comme tu voudrais qu'un autre agît. Conduis-toi comme, à ton avis, devraient se conduire tous les hommes, s'ils étaient à ta place. »

Et un instant de réflexion suffit pour nous convaincre que la société humaine est impossible sans la règle d'or.

Si chacun ne l'appliquait pas à chaque minute de son existence, la vie serait intolérable et le désordre perpétuel : aucun homme n'aurait un instant de tranquillité.

Sans cette double règle, il n'y aurait pas de travail régulier, nul n'étant sûr d'en recueillir le prix. Il n'y aurait donc ni amélioration possible, ni progrès, ni perfectionnement quelconque : chacun ne penserait qu'à soi tout seul et serait constamment occupé de se défendre contre l'ennemi, c'est-à-dire contre tout le monde. Nul n'aurait ni le temps, ni le droit, ni le moyen de rien faire pour les autres, non plus que de rien attendre d'eux.

RÉSUMÉ

1. Dans une société, une règle qui s'impose à tous est nécessaire.

2. Pour bien nous conduire envers nos semblables, nous n'avons qu'à nous mettre en pensée à leur place : agissons comme nous voudrions qu'ils agissent s'ils étaient à notre place.

3. Toute la morale sociale, c'est-à-dire la règle de conduite des hommes les uns envers les autres, est renfermée dans un double précepte :

1° Ne fais pas aux autres ce que tu ne veux pas qu'on te fasse

2° Fais pour eux ce que tu voudrais qu'on fît pour toi.

QUESTIONNAIRE

Pourquoi, dans une société, n'est-il pas permis à chacun de vivre selon sa fantaisie?

Dans la grande variété des circonstances de la vie, chacun de nous a-t-il un moyen infaillible de savoir toujours comment il faut se conduire?

Que veut-on dire par ces mots : « Nous mettre par la pensée à la place des autres? »

Quelle est la règle négative, celle qui dit ce qu'il ne faut pas faire?

Et la règle positive, prescrivant ce qu'il faut faire?

Quelqu'un d'entre vous prétend-il être mieux traité que les autres?

Qui de vous oserait soutenir qu'il peut se permettre ce qui n'est pas permis aux autres?

Pourquoi chacun de vous ne demande-t-il pas un traitement de faveur pour lui-même à l'exclusion des autres?

Pourquoi est-il interdit de se considérer comme un cas exceptionnel, ayant droit à des privilèges que l'on refuse à tous les autres humains?

MAXIMES DE LA SEMAINE

141. Vivre en soi ce n'est rien; il faut vivre en autrui. (ANDRIEU.)

142. Entre gens d'honneur, la parole vaut l'écrit.

143. Il ne faut faire de tort à personne.

144. Il faut rendre à chacun ce qui lui est dû.

145. Il faut vouloir la justice pour tous.

VINGT-NEUVIÈME LEÇON

Agis toujours comme tu voudrais que tout autre agit à ta place.

Comment faire pour bien appliquer la règle d'or? Comment juger si une action est bonne ou mauvaise?

Il n'y a pas à chercher bien loin; nous n'avons qu'à faire l'expérience sur nous-mêmes. Le tout est de savoir changer de place avec le prochain, nous figurer que les rôles sont renversés.

Je veux savoir si j'ai le droit de vendre à quelqu'un un objet de mauvaise qualité en lui cachant ses défauts et en le lui faisant payer très cher. Que dois-je faire? Me figurer que c'est moi qui deviens l'acheteur au lieu d'être le marchand. Trouverais-je bien que le marchand me trompe ainsi? — Non. C'est ce que j'allais faire envers lui. Je ne le ferai pas : ce serait mal. Je ne peux pas raisonnablement souhaiter que les autres me fassent ce que j'allais leur faire.

Que c'est simple, et que c'est clair!

Si je peux dire en toute sincérité : « Il est à souhaiter que tout le monde agisse comme j'agis en ce moment », je suis certain d'être dans la bonne voie. Supposez, au contraire, que je me dise tout bas : « Ce que je fais n'est pas très beau, mais, ma foi, tant pis; c'est mon intérêt, je ne m'occupe pas des autres. » C'est comme si je disais : « Je suis un vilain monsieur. » Sans doute, j'ai l'espoir que les autres ne découvriront pas ma tricherie, mon habileté, mon égoïsme. Si j'étais sûr que tout le monde voie clairement ma conduite, j'en serais si peu fier que j'hésiterais, même dans mon propre intérêt, à encourir cette honte. Mais, du moment qu'on ne le saura pas...

Malheur à celui qui raisonne ainsi! D'abord, on le saura : tout se sait tôt ou tard. Mais, quand même il serait tout seul à savoir sa mauvaise action, elle suffira à empoisonner son existence : la conscience le secouera, le poursuivra, ne lui laissera pas de répit. A moins qu'il ne lui arrive encore un pire malheur, à savoir que la conscience ait perdu toute action sur lui, qu'il ne sache plus l'entendre, qu'il soit endurci au mal jusqu'à ne plus s'en apercevoir. C'est alors un homme tombé, un homme déchu; c'est un homme perdu.

RÉSUMÉ

1. Notre action est bonne quand nous pouvons raisonnablement souhaiter que tout le monde à notre place agisse comme nous agissons.

2. Elle est mauvaise, si nous ne trouvons pas juste et raisonnable que tout le monde, en pareil cas, fasse comme nous.

LECTURES

Le vrai devoir.

Si ton frère te dit : « Je suis pauvre, et j'ai faim »,
Ton devoir est d'offrir la moitié de ton pain
A ton frère.

Si ton frère te dit : « Je suis pauvre, et j'ai froid »,
Ton devoir est d'offrir la moitié de ton toit
A ton frère.

Si ton frère te dit : « Je suis seul, faible et las »,
Ton devoir est d'offrir le secours de ton bras
A ton frère.

Si ton frère te dit : « La force a pris mes droits »,
Ton devoir est d'oser faire gronder ta voix
Pour ton frère.

Si ton frère te dit : « L'avenir me fait peur »,
Ton devoir est de mettre un peu d'espoir au cœur
De ton frère.

Si ton frère te dit : « Je suis seul, triste et vieux »,
Ton devoir est d'offrir les soins les plus pieux
A ton frère.

Si ton frère est tombé, terrassé par le sort,
Ton devoir, le dernier, c'est d'adoucir la mort
De ton frère.

XAVIER PRIVAS, Chansons des enfants du peuple.
(Éditeurs : Laurens et Rueff.)

Ligues de bonté.

On appelle ainsi, dans certaines écoles, des associations formées entre les élèves qui prennent librement l'engagement de s'efforcer de *faire chaque jour un acte de bonté* (par exemple de s'interdire tout mensonge, de rendre un petit service à un malheureux, à un faible, à un vieillard, d'être poli avec tout le monde, d'être bon envers les animaux, etc.).

Si vous voulez, dans votre école, créer une Ligue de bonté, je suis prêt à vous y aider.

Les bons voisins.

Enfin, Louis Darnaud allait pouvoir cultiver son champ. Il avait fini chez le fermier.

Mais le soir, en mangeant la soupe avec les petits, il fut pris d'un grand frisson. Dans la nuit, il eut la fièvre. Le lendemain, le mal ayant empiré, on alla quérir un médecin qui découvrit les symptômes de la fièvre typhoïde.

Vingt fois, on crut le journalier trépassé. Lorsqu'on entendait le glas au village, on disait : « C'est Louis Darnaud que l'on sonne! » Il resta six semaines entre la vie et la mort. Puis la mauvaise fièvre tomba....

La convalescence fut longue. Louis Darnaud songeait avec tristesse à tout ce qu'il aurait à payer : le médecin, les médicaments.... Et son champ resté inculte ne rapporterait rien de l'année!

Un matin, aidé de Claude, il se leva. Dès qu'il fut debout, sur ses jambes vacillantes, il s'approcha de la fenêtre. Elle était grande ouverte. Le soleil de juillet dorait les enclos. Une brise légère balançait les feuilles des pommiers.... Mais son regard allait plus loin, là-bas, vers les champs. Il cherchait une terre inculte, abandonnée, couverte de chiendent.... Il ne découvrait rien!

— « Eh bien? Que cherches-tu comme cela? »

De sa main tremblante, Louis Darnaud désignait, noyés dans la lumière éclatante, les luzernes, les maïs, les blés, les avoines. — « Voilà le champ de Colas », dit-il. « Oui, je le reconnais sur la gauche, après celui de Germain! Mais l'autre, à côté.... »

Claude sourit. « Eh bien! mais, c'est ton champ!

— Mon... mon champ? » bégaya Louis Darnaud, la lèvre frémissante. « Ce beau champ de légumes, ces blés, là-bas, c'est... à moi? Je me rappelle pourtant que je suis tombé malade sans avoir seulement pu lui donner la première façon! » Puis, se tournant vers Claude, qui conservait son placide sourire : « Ah! je... je comprends! » dit-il, lui saisissant les mains. « C'est toi, Claude?... C'est vous tous, mes amis! » s'écria-t-il en voyant entrer les voisins, qui, chaque jour, venaient s'enquérir de sa santé. Et la gorge serrée par l'émotion, il balbutia : « Merci! »

D'après Hugues Lapaire.

Charité discrète.

Un jour que je me promenais sur les falaises de Sainte-Adresse, je vis, endormi sur l'herbe drue, un homme dont les vêtements annonçaient la plus profonde misère; un vieux chapeau fauve et chauve était rabattu sur ses yeux; son habit avait été noir et avait eu des boutons; ses bas étaient percés à travers les trous de ses bottes; sa barbe accusait une végétation de cinq à six jours.

Ému de compassion, je m'arrêtai à contempler ce spécimen d'une triste misère. Je tirai de ma poche une pièce de cinq francs et l'enveloppai bien serrée dans un morceau de journal. Alors, je m'avançai presque en rampant jusqu'à l'homme endormi. J'avais aperçu une poche de pantalon béante, une poche souvent fouillée en vain.

Je faisais un pas, puis j'attendais. Jamais un chat, voulant surprendre un oiseau, ne fut plus patient. Jamais voleur ne retint autant son haleine. J'arrivai debout derrière la tête du dormeur, je me baissai lentement, puis j'étendis le bras et insinuai doucement ma main dans cette poche béante, affamée, et y posai mon petit paquet. Je retirai ma main, je me relevai, je m'éloignai avec les mêmes précautions : le pauvre diable ne s'était pas réveillé.

Oh! le cher homme, quel plaisir il me fit!

Alphonse Karr.

La branche de lilas.

Une pauvre ouvrière, collée contre la montre d'une marchande de fleurs, regardait les lilas, d'un œil anxieux. La neige, au dehors, tombait froide et pressée. Les lilas de la boutique semblaient avoir été carossés par les premières brises du printemps.

Avec hésitation, la femme ouvrit la porte : « La branche de lilas, combien? fit-elle. — Dix francs.

— Dix francs? » s'écria l'ouvrière. Et une larme s'échappa de ses yeux, une de ces larmes isolées et contenues, qui brûlent les paupières : « Mon pauvre petit! murmura l'ouvrière. Il était né pendant que les lilas étaient en fleurs.... Et il partira pour toujours sans une branche dans les bras. — Vous avez perdu votre enfant? » dit la marchande émue.

Alors elle prit non plus une branche, mais une touffe de lilas, en emplit le tablier de la malheureuse mère et, repoussant la pièce de monnaie que celle-ci lui offrait : « Il ne sera pas dit que j'aie fait payer le dernier lit de votre enfant. »

Champfleury, Les Enfants.

MAXIMES DE LA SEMAINE

146. *On n'est pas tout à fait juste, quand on n'est pas charitable.*

147. *Il faut agir de manière à pouvoir toujours rendre compte de sa conduite.*

148. *La façon de donner vaut mieux que ce qu'on donne.* (Corneille.)

149. *Voulez-vous savoir comment il faut donner? Mettez-vous à la place de celui qui doit recevoir.* (Petit-Senn.)

150. *Joindre les mains, c'est bien. Mais les ouvrir, c'est mieux.* (Ratisbonne.)

TRENTIÈME LEÇON

Sais-tu ce que c'est que la justice?

Vous connaissez maintenant ce que nous appelons la règle d'or. Elle a deux parties : l'une positive, l'autre négative.

Parlons d'abord de celle-ci :

Elle dit ce qu'il ne faut pas faire : *Ne fais pas aux autres ce que tu ne veux pas qu'on te fasse.*

Les prescriptions de ce genre se ramènent toutes à un seul mot : la *justice.*

Qu'est-ce que la justice? C'est une chose si simple que personne ne songe à la contester.

En quoi consiste la justice? — Chacun sait qu'il n'est pas seul au monde, qu'à côté de lui d'autres voudront vivre comme lui. Il faut donc que chacun commence par renoncer à l'idée fausse qu'il est tout et que les autres ne sont rien.

Il est naturel que je songe d'abord à moi-même et que je veille avant tout à ma personne, à ma vie, à mon corps, à ma santé, à mon bien-être, à mon bonheur. Mais est-il moins naturel que mon voisin pense à lui comme je pense à moi, qu'il veuille pour lui ce que je veux pour moi?

Que faire donc entre mes prétentions et celles des autres? Sacrifier celles des autres, et ne tenir pour valables que mes seules exigences? C'est cela qui serait injuste!

La grande invention de la société humaine, c'est d'avoir reconnu le droit égal de tous. Chacun, en affirmant son droit, affirme celui d'autrui. Il veut jouir de sa liberté : donc il doit vouloir que les autres soient libres avec lui. Il veut jouir du fruit de son travail : donc il ne dépouillera pas un autre homme du produit de son travail. Il veut qu'on respecte sa personne : donc il respectera celle d'autrui.

A chacun son droit : c'est toute la justice, lien de toute société humaine.

Il faut, en effet, que chacun, au moment d'agir, se pose cette question : « Si, au lieu d'un autre, il s'agissait de moi-même, voudrais-je être traité ainsi? » Si je dis oui, c'est que l'acte est juste. Si je dis non, c'est qu'il est injuste.

Enfant, je vais prendre à un camarade ses billes, ses plumes, son couteau, son livre. Voudrais-je qu'on m'en fît autant? Non. C'est donc une injustice : je ne la commettrai pas.

Homme, je vais dérober à un voisin un outil, un instrument de travail, les fruits de son jardin, les produits de sa terre, ou une somme d'argent, petite ou grande. Cela lui appartient, cela ne m'appartient pas. Je lui nuis, je porte atteinte à son droit, c'est une injustice. Arrière cette mauvaise pensée!

Il est injuste d'attenter à la vie d'autrui, injuste de le frapper ou de le blesser, injuste de lui ravir sa liberté, ou sa tranquillité, injuste d'abuser ou de sa confiance ou de sa faiblesse pour lui enlever une partie de ses droits ou de ses biens, injuste de l'opprimer, de le persécuter, de l'humilier, de rien faire ou de rien dire contre son honneur, ses affections de famille, sa liberté de conscience et de pensée, injuste encore de manquer d'humanité envers son ennemi hors de combat, envers un blessé.

Tout cela est si évident, la violation de la justice répugne tellement à la nature humaine que la société ne se borne pas à blâmer tous les actes d'injustice : elle les punit.

Notez bien la différence entre une action injuste et les autres actions blâmables, répréhensibles, méprisables. On souhaite que vous soyez bon, généreux, d'un caractère noble, d'une conscience délicate, que vous ayez du désintéressement, du dévouement, toutes les vertus. Si vous ne les possédez pas, on le regrette, on a moins d'estime pour vous, mais personne ne songe à vous y forcer, à vous punir de n'être pas absolument irréprochable. Au contraire, s'il vous arrive de tuer, de voler, de calomnier, de vendre à faux poids, d'attaquer l'honneur d'une personne, d'une famille, de commettre enfin un acte d'iniquité quel qu'il soit, aussitôt la société intervient. Elle a d'avance inscrit dans ses lois la peine dont vous serez frappé, amende, prison, peine de mort même si vous avez volontairement commis un meurtre.

La société a d'avance institué des tribunaux qui vous jugeront, qui entendront votre défense si vous en avez une à présenter, et qui décideront enfin la pénalité qui vous sera appliquée d'après la loi. C'est pourquoi l'on dit que les tribunaux rendent la justice ou encore que les accusés sont traduits devant la justice et que la justice prononce.

Vous le voyez, la justice, qui n'est pas toute la morale, en est le commencement, et pour ainsi dire le minimum. C'est bien le moins que puisse faire la société pour faire respecter le droit des autres : elle ne doit permettre à qui que ce soit de porter préjudice à autrui.

La justice est en quelque sorte l'harmonie entre les individus et la société : elle assure une reconnaissance mutuelle du droit de tous.

Mais ne vous y trompez pas, mes enfants : il ne vous suffira pas de n'avoir jamais affaire aux tribunaux de votre pays, de n'avoir jamais été condamné pour avoir droit au nom d'honnête homme. On n'est pas un juste par cela seul qu'on n'a jamais commis un délit ou un crime, et qu'on n'a jamais été ramassé par les gendarmes. Vous vous en doutez bien, Et nous y reviendrons.

RÉSUMÉ

1. La société humaine est fondée sur le droit : elle met sa force au service du droit, c'est-à-dire qu'elle contraint même ceux qui s'opposeraient à respecter le droit d'autrui ; elle frappe ceux qui ne l'ont pas respecté. Par là, elle se distingue des sociétés animales.

2. On appelle justice le respect de la personne humaine avec ses droits naturels : vie, liberté, propriété, réputation, etc.

3. Dans toute société civilisée, la loi fixe un certain nombre d'obligations qu'on ne peut enfreindre sans encourir de peines. Qui viole les droits d'autrui en est puni par la perte d'une partie de ses propres droits.

QUESTIONNAIRE

Que pensez-vous d'une société où chacun pourrait user et abuser de sa force ?

Quand on dit : « le droit du plus fort », est-ce vraiment d'un droit qu'il s'agit ? ou d'un abus ? Pourquoi ?

Respecterez-vous le droit d'un autre, même si vous êtes plus fort que lui?

Quels sont les droits d'autrui que la loi ne permet pas de violer impunément? (Sa vie, sa personne, sa liberté, ses biens, son travail, sa liberté de conscience et de pensée, sa réputation.)

Expliquez comment il se fait qu'un acte d'égoïsme est un acte d'injustice. (Exemple.)

LECTURES

Voici quelques exemples qui vont vous montrer la justice portée pour ainsi dire au plus haut degré.

1. Saint Louis et son frère.

Charles, comte d'Anjou, frère du roi saint Louis, était en procès avec un chevalier, son vassal, pour la possession d'un domaine. Les juges d'Anjou ayant décidé la question en faveur du prince, le chevalier en appela au tribunal du roi.

Charles, irrité, le fit mettre en prison. Le roi en fut averti et envoya chercher sur-le-champ le jeune prince. « Croyez-vous, lui dit-il, que vous serez au-dessus des lois parce que vous êtes mon frère? Rendez sur-le-champ la liberté à votre vassal; qu'il vienne défendre son droit devant les juges royaux. »

Charles obéit; mais, comme on le craignait, le chevalier ne trouvait ni procureurs, ni avocats. Louis en assigna lui-même. La question fut scrupuleusement examinée; le chevalier fut réintégré dans ses biens, et le frère du roi condamné à tous les dépens.

Th.-H. Barrau.
(Livre de morale pratique.) (Hachette, édit.)

2. Aristide-le-Juste.

Aristide était célèbre, à Athènes, par sa droiture et son équité. Un jour, il avait à prononcer sur un différend entre deux citoyens. L'un d'eux, en plaidant, accusa son adversaire d'avoir parlé d'Aristide en termes injurieux; il espérait par là indisposer le juge contre son rival.

Aristide l'interrompit : « Mon ami, lui dit-il, laisse là, je te prie, le mal que notre adversaire a pu dire de moi; parle du tort qu'il t'a fait : je suis ici pour juger ta cause, et non la mienne ».

TH.-H. BARRAU.
(*Livre de morale pratique.*)

3. Conscience du juge.

Dans le fameux procès du général Moreau, le savant Clavier, juge au tribunal criminel de la Seine, était d'avis que l'accusé fût condamné à une détention de deux années. Comme un homme très puissant le pressait vivement de prononcer la condamnation à mort, en l'assurant que le premier consul ferait grâce après le jugement, il fit cette mémorable réponse : « Et qui nous ferait grâce, à nous? » En effet, la conscience est un juge inexorable qui ne pardonne jamais à ceux qui ont violé ses lois.

TH.-H. BARRAU.
(*Livre de morale pratique.*)

MAXIMES DE LA SEMAINE

151. *Pas de société possible sans la justice.*

152. *Dans le monde, il n'est rien de beau que l'équité.* (BOILEAU.)

153. *Chose promise, chose due.*

154. *Respecte le droit d'autrui, si tu veux qu'on respecte le tien.*

155. *Tout acte d'égoïsme est un acte injuste.* (PAUL BOURDE.)

TRENTE ET UNIÈME LEÇON

Sais-tu ce que c'est que l'entr'aide et la coopération ?

La seconde partie de la règle d'or ne se borne pas à interdire de nuire à autrui, elle commande quelque chose de plus : *Fais à autrui ce que tu voudrais qu'on fît pour toi.*

Signalons d'abord ce qui se passe dans le monde animal. Vous entendrez souvent dire : les animaux se font une guerre acharnée, ils se mangent les uns les autres. Faites-y attention; il n'existe qu'un très petit nombre d'espèces qui aient cet instinct de destruction : ce sont les félins et quelques carnassiers : le lion, le tigre, la hyène, le loup. Encore ne détruisent-ils jamais leurs pareils. Ne croyez donc pas que la « lutte pour la vie » soit la loi du monde. L'immense majorité des animaux vit par l'*entr'aide* et par la défense mutuelle.

N'avez-vous jamais vu dans la campagne, en été, apparaître dans le ciel bleu, comme une grosse tache noire, un milan, un émouchet, un épervier ou quelque autre oiseau de proie cherchant à fondre sur de petits animaux? Tout à coup, on entend des cris d'oiseaux, comme des appels. Ce sont les hirondelles qui se rassemblent de toutes parts et qui se mettent à voler avec grand bruit tout autour de l'ennemi qu'elles menacent de leurs becs. L'ennemi est beaucoup plus gros, plus fort, mieux armé que chacune d'elles. Il ne serait qu'une bouchée d'une d'entre elles, si elle était seule. Mais toutes, ainsi groupées pour l'attaque, resserrant le cercle dans lequel elles l'enferment, volant tout autour de lui et au-dessus de lui, l'attaquant au lieu de fuir, finissent par lui faire peur, l'étourdir, l'affoler, si bien qu'au bout de quelques instants, c'est lui qui s'enfuit vers le bois prochain. Et les hirondelles triomphantes continuent à tournoyer dans l'air, faisant entendre de véritables cris de joie.

Il y a des exemples de cette entr'aide mutuelle même dans le monde des insectes. Qui me les citera ? — Les fourmis? Oui. Les abeilles? Oui.

Une fourmilière ou une ruche, c'est comme une cité très

compliquée, très minutieusement ordonnée, où chacun a sa tâche, sa fonction, sa part de travail. Et c'est seulement à l'état d'association que ces toutes petites bestioles amassent de quoi se nourrir pendant les longs mois d'hiver.

Et les migrations des oiseaux? Vous savez ce qu'on appelle de ce nom? Songez à ces énormes voyages, non seulement des hirondelles, mais de tant d'autres espèces de petits oiseaux qui, à l'approche de l'hiver, s'en vont chercher asile dans des pays chauds, de l'autre côté de la Méditerranée ; cela leur serait-il possible si tous ensemble ne commençaient pas par se préparer, s'exercer pour exécuter ce grand vol en masse, où pas un ne devra se séparer de la famille, car s'il reste seul en arrière, il est perdu?

Dans les pays où vivent encore à l'état sauvage des chevaux, des bisons, des ânes, des chevreuils, des rennes, des antilopes, c'est par troupeaux qu'ils vivent, se déplaçant pour aller chercher pâture, se groupant pour tenir tête à l'ennemi.

Les voyageurs ont souvent raconté que, dans les régions où pullulent encore les singes, on les voit former de véritables tribus qui savent surveiller l'ennemi, se prévenir du danger, se transmettre un signal d'alarme, se grouper instantanément ou pour le combattre, ou pour le fuir. On a vu souvent toute une bande de ces petits êtres prêter secours à l'un d'entre eux blessé, s'ingénier bravement à le sauver, lui porter de la nourriture et braver tous les dangers plutôt que de l'abandonner.

Je ne vous parle pas des castors, qui ont malheureusement presque disparu de nos pays ; tous ceux qui ont observé leurs mœurs ont donné les détails les plus intéressants sur la construction de leurs huttes en argile battue, entremêlées de roseaux, rangées sur les bords des lacs et des rivières, et protégées par des digues, bien tapissées en hiver. C'est un des plus beaux exemples de la sociabilité animale : il y règne une harmonie surprenante.

Mais combien plus belle encore est l'organisation de la société humaine! Ce qui en est la loi, c'est ce qu'on a nommé la *coopération*.

Coopérer, c'est travailler tous ensemble à ce qui serait impossible à chacun agissant isolément. Écoutez une belle allégorie, et tâchez de comprendre :

« Un homme voyageait dans la montagne, et il arriva en un lieu où un gros rocher, ayant roulé sur le chemin, le remplissait tout entier, et hors du chemin, il n'y avait point d'autre issue, point de passage ni à gauche, ni à droite.

« Or, cet homme, voyant qu'il ne pouvait continuer son voyage à cause du rocher, essaya de le mouvoir pour se faire un passage. Et il se fatigua beaucoup à ce travail, et tous ses efforts furent vains.

« Ce que voyant, il s'assit, plein de tristesse, et dit : Que sera-ce de moi lorsque la nuit viendra et me surprendra dans cette solitude, sans nourriture, sans abri, sans aucune défense, à l'heure où les bêtes féroces sortent pour chercher leur proie ?

« Et, comme il était absorbé dans cette pensée, un autre voyageur survint. Et celui-ci, ayant fait ce qu'avait fait le premier et s'étant trouvé aussi impuissant à remuer le rocher, s'assit en silence et baissa la tête.

« Et, après celui-ci, il en vint plusieurs autres, et aucun ne put mouvoir le rocher, et leur crainte à tous était grande.

« Enfin, l'un d'eux dit aux autres : « Mes frères, prions notre Père qui est dans les cieux ! Peut-être qu'il aura pitié de nous dans cette détresse. »

« Et quand ils eurent prié, celui qui avait dit : « Prions ! » dit encore : « Mes frères, ce qu'aucun de nous n'a pu faire seul, qui sait si nous ne le ferons pas tous ensemble ? »

« Et ils se levèrent, et tous ensemble ils poussèrent le rocher : le rocher céda, ils poursuivirent leur route en paix.

« Le voyageur, c'est l'homme. Le voyage, c'est la vie. Le rocher, ce sont les misères qu'il rencontre à chaque pas sur sa route.... » (LAMENNAIS.)

Voilà une belle image de ce qu'est la société des hommes. Et elle montre bien qu'il faut à cette société plus que la justice. Croyez-vous qu'il suffirait que les gens s'abstiennent de tuer, de voler, de brutaliser les faibles ? Vous dites que non. Mais que faut-il faire ?

Il faut que tous travaillent au bien commun. L'homme n'est pas fait pour vivre seul, il ne vit qu'avec d'autres hommes. Il doit joindre son travail au leur.

De là cette belle devise : « *Tous pour un, un pour tous.* »

Vous connaissez peut-être des sociétés dites coopératives.

Je ne vous en dis qu'un mot aujourd'hui. C'est, en petit, une application de cette grande idée : tous les hommes sont intéressés à faire prospérer l'humanité, et l'humanité ne prospère que par la bonne volonté de tous.

RÉSUMÉ

1. L'entr'aide est la loi de toutes les sociétés, même animales.

2. La coopération est la condition d'existence de l'humanité.

3. Il ne suffit pas de ne faire de mal à autrui : il faut contribuer, pour sa part, au bien de la communauté.

4. La société humaine est une immense société coopérative, dont nul n'a le droit de réclamer les avantages sans prendre sa part des charges.

QUESTIONNAIRE

Résumez l'allégorie du rocher.

Que signifie le mot « coopération »? — Que veut-on dire quand on appelle l'humanité une grande société coopérative?

Un homme peut-il soutenir qu'il ne doit rien aux autres?

Peut-il leur refuser sa part de coopération?

Que signifient ces mots : « Tous pour un, un pour tous »?

Citez un vers de La Fontaine sur l'entr'aide?

MAXIMES DE LA SEMAINE

156. *Il se faut entr'aider : c'est la loi de nature.* (LA FONTAINE.)

157. *Mettez-vous toujours à la place d'autrui et le mettez à la vôtre; ainsi vous jugerez bien.* (FRANÇOIS DE SALES.)

158. *C'est un grand mal de ne point faire de bien.* (J.-J. ROUSSEAU.)

159. *Quiconque ne fait rien ne vaut rien.* (CH. WAGNER.)

160. *Ton ennemi a fait son devoir envers sa patrie, comme toi envers la tienne. Le combat fini, s'il est blessé, ne vois plus en lui qu'un frère malheureux.* (E. BERSOT.)

TRENTE-DEUXIÈME LEÇON.

Sais-tu ce que c'est que la charité ?

On peut faire du bien aux autres de toutes sortes de façons. La plus parfaite de toutes, c'est celle qu'on appelle la *charité*.

Faire la charité, ne vous imaginez pas que ce soit la même chose que faire l'*aumône*. Donner quelque argent, ce n'est rien, si l'on y ajoute un autre don qui vient du cœur. Charité est un vieux mot qui veut dire amour. Qui ne témoigne pas de l'amour aux malheureux qu'il vient secourir ne les secourt pas véritablement. Mais je ne veux pas vous expliquer cela. Vous le comprendrez mieux *par quelques exemples.*

LECTURES

Voici une cabane de matelot. Jeannie y est seule, attendant le retour de son mari qui est à la pêche. Il fait un temps affreux. Elle vient de coucher ses cinq petits enfants. Tout à coup, elle pense à la voisine qui est très malade. Elle va frapper à sa porte. Pas de réponse. La pauvre femme est morte, et, au pied de son lit, dorment dans le même berceau deux petits enfants sur qui, avant de mourir, la pauvre mère a jeté sa mante et sa robe, pour les défendre du froid. Jeannie prend les deux pauvres petits et les emporte chez elle. Mais là, elle s'effraie. « Qu'est-ce que j'ai fait là ? se dit-elle. Mon pauvre homme ! ah ! mon Dieu ! que va-t-il dire ? » Elle a peur de le dire à son mari. Il arrive, enfin, traînant son filet ruisselant. Elle lui demande :

« — Quel temps a-t-il fait ? — Dur. — Et la pêche ? — Mauvaise.
Mais, vois-tu, je t'embrasse, et me voilà bien aise.
Je n'ai rien pris du tout. J'ai troué mon filet.
Le diable était caché dans le vent qui soufflait.
Quelle nuit ! Un moment, dans tout ce tintamarre,
J'ai cru que le bateau se couchait, et l'amarre
A cassé. Qu'as-tu fait, toi, pendant ce temps-là ? »

Jeannie eut un frisson dans l'ombre et se troubla.
« Moi, dit-elle, Ah ! Mon Dieu ! Rien, comme à l'ordinaire,
J'ai cousu. J'écoutais la mer comme un tonnerre.
J'avais peur. — Oui, l'hiver est dur, mais c'est égal. —
Alors, tremblante ainsi que ceux qui font le mal,
Elle dit : « A propos, notre-voisine est morte,
C'est hier qu'elle a dû mourir, enfin, n'importe,
Dans la soirée, après que vous fûtes partis.
Elle laisse ses deux enfants, qui sont petits.
L'un s'appelle Guillaume et l'autre Madeleine ;
L'un qui ne marche pas, l'autre qui parle à peine,
La pauvre bonne femme était dans le besoin ».
L'homme prit un air grave, et, jetant dans un coin
Son bonnet de forçat mouillé par la tempête :
« Diable ! Diable ! dit-il, en se grattant la tête,
Nous avions cinq enfants, cela va faire sept.
Déjà, dans la saison mauvaise, on se passait
De souper quelquefois. Comment allons-nous faire ?
Bah ! tant pis ! Ce n'est pas ma faute. C'est l'affaire
Du bon Dieu. Ce sont là des accidents profonds.
Pourquoi donc a-t-il pris leur mère à ces chiffons ?
C'est gros comme le poing. Ces choses-là sont rudes ;
Il faut pour les comprendre avoir fait ses études.
Si petits ! On ne peut leur dire : travaillez.
Femme, va les chercher. S'ils se sont réveillés,
Ils doivent avoir peur tout seuls avec la morte.
C'est la mère, vois-tu, qui frappe à notre porte ;
Ouvrons aux deux enfants. Nous les mêlerons tous ;
Cela nous grimpera le soir sur les genoux.
Ils vivront, ils seront frère et sœur des cinq autres.
Quand il verra qu'il faut nourrir avec les nôtres
Cette petite fille et ce petit garçon,
Le bon Dieu me fera prendre plus de poisson.
Moi, je boirai de l'eau, je ferai double tâche,
C'est dit. Va les chercher. Mais qu'as-tu ? Ça te fâche ?
D'ordinaire tu cours plus vite que cela.
— Tiens, dit-elle en ouvrant les rideaux, les voilà ! »

VICTOR HUGO. (La Légende des Siècles.)

Les quatre cri-cri de la boulangère.

Mon ami Jacques entra un jour chez un boulanger pour y acheter un tout petit pain....

Pendant qu'il attendait sa monnaie, un petit garçon de six à sept ans, pauvrement, mais proprement vêtu, entra dans la boutique du boulanger.

« Madame, dit-il à la boulangère, maman m'envoie chercher du pain.... »

La boulangère monta sur son comptoir (ceci se passait dans une ville de province), tira de la case aux miches de quatre livres le plus beau pain qu'elle y put trouver et le mit dans les bras du petit garçon.

Mon ami Jacques remarqua alors la figure amaigrie et pensive du petit acheteur ; elle faisait contraste avec la mine ouverte et rebondie du gros pain dont il semblait avoir toute sa charge.

« As-tu de l'argent ? » dit la boulangère à l'enfant.

Les yeux de l'enfant s'attristèrent.

« Non, madame, répondit-il en serrant plus fort sa miche contre sa blouse, mais maman m'a dit qu'elle viendra vous parler demain.

— Allons, emporte ton pain, mon enfant.

— Merci, madame », dit l'enfant.

Mon ami Jacques venait de recevoir sa monnaie. Il avait mis son emplette dans sa poche, et s'apprêtait à sortir, quand il retrouva immobile derrière lui l'enfant au gros pain qu'il croyait déjà bien loin.

« Qu'est-ce que tu fais donc là ? dit la boulangère au petit garçon, qu'elle croyait aussi parti. Est-ce que tu n'es pas content de ton pain ?

— Oh ! si, madame, dit le petit, il est très beau.

— Eh bien, alors, va le porter à ta maman. Si tu tardes, elle croira que tu t'es amusé en route, et tu seras grondé. »

Le petit garçon ne parut pas avoir entendu. Quelque chose semblait attirer son attention.

La boulangère s'approcha de lui et lui donna amicalement une tape sur la joue.

« A quoi penses-tu, au lieu de te dépêcher ? lui dit-elle.

« — Madame, dit l'enfant, qu'est-ce qui chante donc ici ?

— On ne chante pas, répondit la boulangère.

— Si, dit le petit. Entendez-vous : cuic, cuic, cuic, cuic ? »

La boulangère et mon ami Jacques prêtèrent l'oreille, et ils n'entendirent rien, que le refrain de quelques grillons, hôtes ordinaires des maisons où il y a des boulangers.

« C'est-il un petit oiseau, dit le petit bonhomme, ou le pain qui chante en cuisant, comme les pommes ?

— Mais non, petit nigaud, lui dit la boulangère, ce sont des grillons. Ils chantent dans le fournil, parce qu'on vient d'allumer le four et que la vue de la flamme les réjouit.

— Les grillons ? c'est-il ça qu'on appelle des cri-cri.

— Oui », lui répondit complaisamment la boulangère.

Le visage du petit garçon s'anima.

« Madame, dit-il en rougissant, je serais bien content si vous vouliez me donner un cri-cri....

— Un cri-cri ! dit la boulangère en riant ; qu'est-ce que tu veux faire d'un cri-cri, mon cher petit ? Va, si je pouvais te donner tous ceux qui courent dans la maison, ce serait bientôt fait.

— Oh ! madame, donnez-m'en, rien qu'un seul, si vous voulez ! dit l'enfant en joignant ses petites mains pâles par-dessus son gros pain. On m'a dit que les cri-cri, ça portait bonheur aux maisons ; et peut-être que, s'il y en avait un chez nous, maman, qui a tant de chagrin, ne pleurerait plus jamais.... »

« Et pourquoi pleure-t-elle, ta pauvre maman ? dit mon ami Jacques, qui ne put se tenir davantage de se mêler à la conversation.

— A cause des notes, monsieur, dit le petit. Mon papa est mort, et maman a beau travailler, nous ne pouvons pas toutes les payer. »

Mon ami Jacques prit l'enfant, et avec l'enfant le pain, dans ses bras ; et je crois qu'il les embrassa tous les deux.

Cependant la boulangère, qui n'osait pas toucher elle-même les grillons, était descendue dans son fournil. Elle en fit attraper quatre par son mari, qui les mit dans une boîte avec des trous sur le couvercle, pour qu'ils pussent respirer ; puis elle donna la boîte au petit garçon, qui s'en alla tout joyeux.

Quand il fut parti, la boulangère et mon ami Jacques se donnèrent une bonne poignée de main.

« Pauvre bon petit ! » dirent-ils ensemble.

La boulangère prit alors son livre de compte. Elle l'ouvrit à la page où était celui de la maman du petit garçon, fit une grande barre sur cette page, parce que le compte était long, et écrivit au bas : Payé.

Pendant ce temps-là, mon ami Jacques, pour ne pas perdre son temps, avait mis dans un papier tout l'argent de ses poches, où heureusement, il s'en trouvait beaucoup ce jour-là, et avait prié la boulangère de l'envoyer bien vite à la maman de l'enfant aux cri-cri, avec sa note acquittée et un billet où on lui disait qu'elle avait un enfant qui ferait un jour sa joie et sa consolation.

On donna le tout à un garçon boulanger, qui avait de grandes jambes, en lui recommandant d'aller vite.

L'enfant, avec son gros pain, ses quatre grillons et ses petites jambes, n'alla pas si vite que le garçon boulanger ; quand il rentra, il trouva sa maman, les yeux, pour la première fois depuis longtemps, levés au-dessus de son ouvrage, un sourire de joie sur les lèvres.

Il crut que c'était l'arrivée de ses quatre petites bêtes noires qui avait fait ce miracle, et mon avis est qu'il n'eut pas tort. Est-ce que, sans les cri-cri et son bon cœur, cet heureux changement serait survenu dans l'humble fortune de sa mère ?

P.-J. STAHL. (*Morale familière*.) Hachette, édit.

La charité d'une vieille servante.

On trouverait de nombreux et touchants récits de vies entières consacrées à des œuvres de charité dans les séances des prix de vertu de l'Académie française.

Citons-en un seulement : celui de Mariette Favre, qui, après avoir servi comme domestique pendant vingt ans, reprit sa liberté vers la quarantaine, dans le but bien arrêté de consacrer à des vieillards sans foyer ses petites économies et le reste de ses forces épuisées. Sa première recrue fut une vieille mendiante aveugle, avec qui elle partagea son unique chambre ; une vieille paralytique ne tarda point à venir s'installer en troisième dans le singulier ménage ; puis, naturellement, la porte étant ouverte, il en arriva d'autres, toujours d'autres... Et aujourd'hui, plus de cinquante débris humains sont groupés autour de Mariette Favre, logés dans des bâtiments qu'elle a fait construire avec le fruit de ses quêtes, nourris, chauffés comme par miracle, on ne sait plus avec quel argent. Au milieu de tout ce monde, la chère vieille fille, coiffée toujours de son vénérable bonnet blanc d'ancienne servante, évolue en souriant, aimable, enjouée ; elle calme les uns, elle amuse les autres ; tout en pansant des plaies, en lavant des mains sales, elle ramène la bonne humeur chez les hargneux et les sombres.

(Extrait du discours de Pierre Loti.)

EXERCICE ORAL

Demander aux élèves de vous résumer le morceau de Victor Hugo ; insister sur le dernier vers.

Même exercice pour les quatre cri-cri de la boulangère.

MAXIMES DE LA SEMAINE

101. *La façon de donner vaut mieux que ce qu'on donne.* (Corneille.)

102. *Souffrir à deux vaut mieux que d'être heureux tout seul.* (Ratisbonne.)

103. *Qui n'est pas généreux est bien près d'être injuste.*

104. *Ne faites pas seulement l'aumône : faites la charité.*

105. *L'éducation peut se résumer en un seul précepte : sachez vous mettre à la place de votre prochain.* (Carmen-Sylva.)

TRENTE-TROISIÈME LEÇON

As-tu une idée de la solidarité humaine.

Mes enfants, écoutez ce que raconte un poète, à propos d'un rêve dont il était épouvanté :

Un Songe.

Le laboureur m'a dit en songe : « Fais ton pain,
Je ne te nourris plus, gratte la terre et sème. »
Le tisserand m'a dit : « Fais tes habits toi-même »;
Et le maçon m'a dit : « Prends la truelle en main ».
Et seul, abandonné de tout le genre humain
Dont je traînais partout l'implacable anathème,
Quand j'implorais du ciel une pitié suprême,
Je trouvais des lions debout sur mon chemin.
J'ouvris les yeux, doutant si l'aube était réelle :
De hardis compagnons sifflaient sur leur échelle;
Les métiers bourdonnaient, les champs étaient semés.
Je connus mon bonheur, et qu'au siècle où nous sommes
Nul ne peut se vanter de se passer des hommes,
Et, depuis ce jour-là, je les ai tous aimés.

SULLY PRUDHOMME. (*Poésies*, t. I, A. Lemerre, éd.)

Vous avez compris? Vous voyez ce que serait le monde si chaque travailleur ne travaillait que pour lui, si chaque homme était obligé de se procurer par son propre effort tout ce dont il a besoin.

Un grand instituteur, s'adressant à un bûcheron, lui traduisit la même idée en exemples saisissants.

« S'il n'y avait pas de société organisée, lui disait-il, sais-tu ce que tu aurais à faire au lieu de travailler à abattre les arbres, métier où tu es devenu très habile? Tu serais réduit à pourvoir directement à tous tes besoins. Il te faudrait labourer ton champ, semer ton blé et le récolter; puis, il faudrait quitter ton champ pour moudre ton blé, pétrir ton pain et le faire cuire. Ensuite, il faudrait quitter ce travail, un jour pour faire tes habits, un autre jour pour réparer ta maison ou t'en construire une.

« Mais, pour faire tes habits, il te faudrait cultiver du chanvre et récolter de la laine, puis filer l'un ou l'autre, et transformer ton fil en étoffe.

« Ce n'est pas tout : tu devrais aussi fabriquer ta charrue et tous les instruments d'agriculture, les outils qui te serviraient à construire ta maison, le métier pour confectionner ta toile ou ton drap. Tu devrais être à la fois laboureur, forgeron, menuisier, serrurier, tisserand, tailleur, cordonnier, maçon, potier, etc. Tu serais comme le sauvage : tu n'aurais aucun moment de repos, et tu manquerais de tout.

« Mais il y a une société. Et tout est changé.

« Pendant que tu es dans les bois à abattre les arbres, je ne sais combien d'individus s'occupent pour toi. Le laboureur cultive le blé que tu dois manger, le meunier le moud, et le boulanger le cuit, le taillandier façonne la cognée sans laquelle tu ne ferais rien ; le berger garde les moutons dont on filera la laine, que le tisserand transformera en une étoffe dont le tailleur fera ta veste. Afin que tu puisses abattre tranquillement les arbres sans te déranger, le maçon, le menuisier, le serrurier, sont à tes ordres pour faire ce que tu leur demanderas ; le potier fabrique ses marmites et ses assiettes pour que tu les trouves prêtes au besoin ; l'épicier va chercher à droite et à gauche le sel, le poivre, l'huile, le vinaigre, qu'il te faut pour assaisonner tes aliments et que tu peux te procurer chez lui sans dérangement. Tous travaillent afin que tu puisses vaquer plus librement à l'abatage de tes arbres au milieu de la forêt[1]. »

Ainsi, des millions d'hommes qui ne se sont jamais vus, qui ne se verront jamais, travaillent sans cesse les uns pour les autres.

C'est ce qu'on appelle — apprenez ce mot, car il ne vous est pas familier — la *solidarité* humaine.

On nomme *solidaires*, c'est-à-dire dépendant les uns des autres et liés à la même fortune, des êtres qui ont tous besoin les uns des autres, par exemple les associés dans une affaire de commerce, les soldats engagés dans le même

1. J.-J. RAPET, *Manuel de morale*, chez Guillaumin.

combat, les mineurs dans une mine, les passagers embarqués
dans le même bateau, les habitants d'un même pays envahi
par une terrible contagion (peste, choléra). Leur sort sera
le même, et chacun d'eux n'a rien de mieux à faire que de
ravailler au salut commun.

Autrefois, quand les différents peuples de la terre ne se
connaissaient pas, ne pouvant pas communiquer, le contre-
coup de ce qui se passait en l'Asie n'atteignait pas l'Europe.
Pendant des milliers d'années, le Nouveau monde fut pour
l'Ancien Monde comme s'il n'existait pas : avant Christophe
Colomb, les deux moitiés de la terre s'ignoraient, n'agis-
saient pas l'une sur l'autre.

Aujourd'hui, il n'y a plus un point du globe qui soit
absolument séparé du reste de la terre, qui ne ressente les
effets de ce qui se passe à des milliers de lieues.

La civilisation, en faisant communiquer toutes les parties
du monde, crée une immense solidarité entre tous les pays,
même à leur insu. Nous dépendons les uns des autres sans
nous en apercevoir.

Aujourd'hui, il n'y a pas un homme qui ne doive quelque
chose et même beaucoup au monde entier.

Vous avez peine à le croire? C'est pourtant vrai, même
pour vous, pour n'importe lequel d'entre vous.

Tenez voilà justement Pierre qui nous en offre une preuve.
Vous voyez, il la tient à la main.

Ami Pierre, qu'est-ce que vous tenez à la main? Votre
mouchoir de poche. Très bien. Et en quoi est-il fait, ce
mouchoir? En coton. Bien. Qu'est-ce que c'est que le coton?
Une plante? Bon. Mais a-t-elle poussé dans votre jardin?
Non, elle ne croît que dans ces pays lointains dont nous
parlions tout à l'heure. Le coton dont est fait votre mouchoir
vient peut-être d'Amérique. Est-ce vous qui êtes allé le chercher là-bas? Non, je m'en doutais. Il a donc fallu d'abord
que quelqu'un sème et cultive le cotonnier, récolte le coton
au moment convenable : ce n'est pas une petite affaire, vous
pensez bien, dans les pays chauds et souvent malsains où
pousse le coton. Et la récolte faite, qu'a-t-il fallu encore?
Qu'on amasse les centaines, les milliers de balles de coton
ainsi récoltées. Et puis? Et puis qu'on les transporte? Où cela?
Dans de grands navires. Mais ils étaient donc là juste à point,

ces navires? Alors, il avait fallu d'abord les fabriquer. Qui
s'en est chargé? Des Américains, des Anglais, des Français,
vous ne savez pas qui, ni moi non plus. Mais que de monde,
mon petit Pierre, vous avez fait travailler pour avoir quelques brins de coton!

Pour vous les procurer, combien de gens ont dû se donner
de la peine! Est-ce tout? Vous seriez bien embarrassé pour
vous moucher, si l'on vous avait donné cette poignée de
filaments blanchâtres telle qu'on la trouve dans une de ces
balles de coton brut jetées sur un quai du Havre ou de
quelque port anglais. Comme il y a encore loin de cette
masse de longs poils emmêlés à une étoffe!

—Alors? Ah! oui, on s'est avisé d'abord de les séparer, de
les peigner, d'en faire des fils réguliers. On a créé pour cela
d'immenses usines de filature, transformant ces paquets de
coton brut en fil.

Et puis? Ces fils, il a fallu trouver le moyen de les assem-
bler, d'en faire... quoi? Un tissu, oui, de manière à fabriquer
de grandes pièces d'étoffe. En voilà encore, mon ami, des
ouvriers et ouvrières, des métiers et des machines qui ont
travaillé nuit et jour!

Je vois là-bas Louis qui rit : il a l'air de trouver que le
camarade Pierre a dérangé bien du monde pour son mouchoir. Mais qu'est-ce que c'est que ce petit objet que je vois
sur la table devant vous, Louis? Rien, dites-vous, une plume
de fer. Ah! vous croyez que ce n'est rien, une plume de fer!
Et si je vous faisais les mêmes questions qu'à Pierre sur
son mouchoir? D'où vient-elle, cette plume? Il a fallu des
machines à vapeur pour la façonner. Et il a fallu du charbon
pour faire marcher ces machines. Et auparavant il avait
fallu forger le fer. Et auparavant le porter à une chaleur
telle qu'il coule en lave de feu. Et, pour cela, quels four-
neaux monstres on avait dû construire! Et, avant tout cela
encore, il avait fallu aller chercher au fond de la terre, dans
les pays lointains, une masse de petits cailloux ou une
espèce de poussière noirâtre qui était le .... Comment dites-
vous? Oui, le minerai contenant le fer. Quel travail effrayant!
Que de centaines d'ouvriers mineurs, métallurgiques, chauf-
fours, forgerons, mécaniciens, sans compter les employés
de je ne sais combien d'usines et de magasins, vous avez

mis en mouvement, vous aussi, pour vous procurer cette toute petite chose, une plume de fer!

J'ai pris au hasard ces deux exemples. Nous pourrions en dire autant de tout ce qui nous entoure. Il n'y a pas de si humble ménage où il ne soit venu quelque chose de toutes les parties du monde, quelque chose qui ne pourrait pas être là sans la solidarité universelle.

Êtes-vous convaincus maintenant qu'il n'y a pas d'homme qui ne doive beaucoup à l'humanité?

RÉSUMÉ

1. La solidarité est le fait que les hommes dépendent les uns des autres.

2. A mesure que la civilisation a fait communiquer les diverses parties de la terre, la solidarité humaine est devenue plus complète.

QUESTIONNAIRE

Qui de vous veut apprendre par cœur Un Songe, de Sully Prudhomme, pour avoir le plaisir de le réciter à ses parents?

MAXIMES DE LA SEMAINE

166. *Il n'y a qu'un grand but dans le monde : c'est le bien de l'humanité.* (TOCQUEVILLE.)

167. *Les hommes ne peuvent vivre ni bien vivre, sans être hommes, ni être heureux les uns sans les autres.* (BALZAC.)

168. *Ne méprise pas la situation : c'est là qu'il faut agir, souffrir et vaincre.* (AMIEL.)

169. *L'homme n'est rien sans la société.* (LÉON BOURGEOIS.)

170. *Tout ingrat est un méchant.* (SOLON.)

TRENTE-QUATRIÈME LEÇON

Sais-tu qu'il n'y a ni solidarité sans la justice ni justice sans solidarité?

Nous avons vu que tout homme doit beaucoup aux autres hommes, à ceux mêmes qui habitent les régions les plus lointaines. Mais ce n'est rien encore. A la solidarité des vivants du monde entier, il faut joindre la solidarité des générations qui se succèdent sur la terre depuis un grand nombre de siècles.

Chacun de nous doit tant à ses ancêtres, aux ancêtres de ses ancêtres qu'on peut dire avec raison à chaque enfant : « Tout ce que tu as, tout ce que tu es, tu le dois à ceux qui ont vécu avant toi. »

Que de dettes envers la société !

Dette, ta nourriture : chacun des aliments que tu consommes est le fruit de longs siècles de culture.

Dette, ton langage : chaque mot qui naîtra sur tes lèvres, tu l'as recueilli des lèvres de tes parents.

Dettes encore, et de quelle valeur ! le livre et l'outil que t'offriront l'école et l'atelier. Ces objets si maniables, tu ne sauras jamais ce qu'ils ont coûté d'efforts avant toi, combien de mains lourdes et maladroites ont tenu, manié, soulevé, et souvent laissé tomber, de lassitude, de désespoir, cette forme de l'outil avant qu'elle soit devenue l'instrument qui t'aide à vaincre la nature ; combien de souffrances ont été subies, de sacrifices acceptés, de vies offertes pour mettre à ta disposition les caractères d'imprimerie, ces petits morceaux de plomb qui, en quelques heures, répandent sur le monde, par millions d'exemplaires, l'innombrable essaim des idées, ces vingt-quatre petites lettres noires par où l'homme représente le monde tout entier.

Dette, à chaque pas sur la route, construite au prix de mille peines et souvent de mille morts ; dette, à chaque tour de roue de la voiture et du wagon, à chaque tour d'hélice du navire ; dette, à chaque consommation d'un produit de l'agriculture, de l'industrie ou de la science; dette envers tous les morts qui t'ont laissé cet héritage[1].....

Remarquez, mes enfants, que l'humanité se tient, qu'elle forme une chaîne immense, soit *à travers le temps*, c'est-à-dire pendant les siècles qu'elle a déjà vécus, soit *à travers l'espace*, c'est-dire dans toutes les parties de la terre qu'elle occupe.

Il y a entre nous tous une solidarité matérielle : n'en avons-nous pas eu l'autre jour des preuves saisissantes? Mais il y a aussi une solidarité morale.

Croyez-vous qu'après avoir constaté les liens innombrables qui nous unissent les uns aux autres, nous puissions ensuite nous en aller sans plus y penser, chacun se disant tout bas : je ne m'occupe que de mes affaires, je ne me soucie pas de celles des autres; chacun pour soi!

On ne peut plus penser ainsi dès qu'on a bien compris ce qu'est la grande famille humaine. On sent le besoin et le devoir de vivre et d'agir comme un membre de cette famille. Outre cette solidarité des intérêts, des produits, des instruments de travail, on sent qu'il existe une solidarité des esprits et des cœurs, en d'autres termes, une solidarité non plus entre les choses, mais entre les personnes.

Oui, il y a une solidarité morale des sociétés humaines, mais — faites-y bien attention — elle ne peut pas exister sans la grande loi de la *justice*. Chaque homme doit compter pour un et ne compter que pour un. Tous sont solidaires, mais à condition que le faible ne soit pas uni au fort pour lui rendre des services et n'en pas recevoir.

Diriez-vous qu'il y a solidarité entre le maître et l'esclave? Le maître recueillera le fruit du travail qu'il aura imposé à l'esclave à coups de fouet. Est-ce là un acte de solidarité humaine? C'est la barbarie, c'est la violation des droits de l'homme.

Dans la solidarité humaine, il faut qu'il y ait réciprocité. Nous devons notre coopération, mais sous les formes équitables : pas de vraie solidarité sans l'esprit de justice. A chacun son dû, c'est-à-dire ce à quoi il a droit.

Nos pères, en 1789, ont bien posé les conditions de la soli-

1. Résumé d'après *Solidarité*, de M. Léon Bourgeois.

darité sociale dans l'article premier de la Déclaration des Droit de l'Homme. Qui de vous le sait par cœur? Personne. Oh! mes enfants, cela m'afflige : il ne doit pas y avoir en France une seule école, une seule famille où les enfants ne sachent pas redire ces paroles, si simples et si belles, qui ont changé le monde et qui peuvent être considérées comme l'Évangile de la société moderne :

« ARTICLE PREMIER. — *Les hommes naissent et demeurent libres et égaux en droits.* »

Libres, tous les hommes pareillement : nul n'est autorisé à abuser de sa force au détriment de la liberté d'autrui. Et *égaux en droits* : c'est-à-dire qu'il n'y a pas de différence de naissance, de fortune, de condition : le pauvre a le même droit que le riche à être traité comme un homme libre.

De cet article est née la devise nationale inscrite sur nos monuments, répétée en tête de tous les actes publics.

Mais après *Liberté* et *Égalité*, on a, plus tard, ajouté un troisième mot. Que signifie-t-il, ce mot de *Fraternité?* Pourquoi cette solennelle exhortation nationale à nous considérer comme des frères?

C'est précisément qu'il ne suffit pas de connaître nos droits d'hommes et de citoyens : droit à la liberté, droit à l'égalité. La société ne vivrait pas longtemps si chacun s'en tenait là strictement. L'homme ne peut pas se borner à cette justice sèche et étroite, qui l'empêcherait simplement de faire du tort à autrui. L'homme a besoin de se sentir en famille, de voir des frères autour de lui, de les aimer et d'en être aimé. C'est ce côté de la vie humaine que fait entrevoir le beau mot de *Fraternité.* Comme il va loin, ce mot! Comme il dépasse les formules négatives de la justice! Comme il donne une idée plus belle de la solidarité humaine et particulièrement de la solidarité nationale!

Quelques-uns pensent que *Solidarité* conviendrait mieux pour exprimer les rapports sociaux. Je crois que nos pères ont eu raison de préférer le mot *Fraternité*, justement parce qu'il fait appel à un sentiment qui doit animer et réchauffer l'idée de justice.

Vous avez entendu opposer quelquefois la *justice* et la *charité*, celle-ci nous faisant faire plus que le strict devoir auquel se borne la justice. Je crois que la vraie justice, la justice complète va jusqu'à la charité.

De quelque nom que vous l'appeliez, justice ou amour, solidarité ou fraternité, le mot importe bien moins que la chose.

Ce qu'il faut, c'est que nous nous aimions les uns les autres, sans quoi, sachez-le bien, il n'y a pas de vraie société humaine; pour l'homme de cœur et de conscience, et déjà même pour un honnête enfant, la justice va jusqu'à l'amour du prochain, c'est-à-dire jusqu'à la volonté bien arrêtée de traiter son prochain comme soi-même.

Fraternité.

C'est un des plus doux mots qu'aient inventés les hommes
Fraternité! Tâchons, en frères que nous sommes,
De nous chérir. Sachons nous pardonner des torts;
Aimons le faible, amis, si nous nous sentons forts,
Et le pauvre, si nous avons la fortune.
Les hommes, tous pareils devant la mort commune,
Aigrissent leur malheur par de la haine entre eux.
Aimons, même en souffrant, nos frères plus heureux.

Jean Aicard.

N'est-ce pas une belle application du fameux vers de la Fontaine que nous citions l'autre jour :

> Il se faut entr'aider, c'est la loi de nature.

Cela ne vous fait-il pas penser aussi à la jolie fable de Florian : l'*Aveugle et le Paralytique*? Le premier de ces deux malheureux résume bien l'entr'aide ou la solidarité quand il dit à l'autre :

> Je marcherai pour vous, vous y verrez pour moi.

RÉSUMÉ

1. Il y a une solidarité humaine à travers le temps comme à travers l'espace : la civilisation tout entière en est le résultat.

2. La génération présente doit aux générations antérieures non seulement ses biens matériels, mais son langage, ses connaissances, ses institutions, toute son activité intellectuelle, morale, sociale.

3. La devise républicaine : « Liberté, Égalité, Fraternité » est la formule complète de la vraie solidarité humaine : elle comprend à la fois les droits et les devoirs de l'homme.

4. On ne peut concevoir une solidarité qui violerait les règles de la justice, ni une justice qui ne tiendrait nul compte de la solidarité.

QUESTIONNAIRE

Résumez : le Songe, de Sully Prudhomme.(Utilité des métiers divers.)

Quelles dettes reconnaissez-vous avoir envers la société ? Citez les objets et des actes de votre vie quotidienne que vous devez à vos devanciers, parents et ancêtres éloignés. (Alimentation, langage, études, travail manuel, voies et moyens de communications, machines, industries, etc.)

MAXIMES DE LA SEMAINE

171. *Chaque homme est obligé de procurer, autant qu'il est en lui, le bien des autres : c'est proprement ne rien valoir que de n'être utile à personne.* (DESCARTES.)

172. *Nous naissons chargés d'obligations de toute sorte envers la société.* (AUGUSTE COMTE.)

173. *S'entr'aider est bien. S'entr'aimer est mieux.*

174. *Je suis homme : rien de ce qui est humain ne doit m'être étranger.*

175. *Qui de vous saurait ce qu'il sait, si des myriades d'hommes n'avaient travaillé et souffert pour conquérir la science, parcelle après parcelle ?* (LÉON BOURGEOIS.)

TRENTE-CINQUIÈME LEÇON

Aimes-tu ta patrie?

Vous avez maintenant, mes chers enfants, une idée de la société humaine. Elle commence par la famille, se continue par la cité, s'étend encore et devient la nation. Mais à ce degré, elle prend un caractère nouveau : elle s'appelle la *patrie*.

L'enfant ne se borne pas à apprendre qu'il est né dans tel village, que ce village appartient à tel département. Il apprend en même temps qu'il est Français, que la France est sa patrie.

Qu'est-ce que cela signifie?

Cela signifie que l'enfant saura que, parmi les millions d'hommes qui couvrent la terre, il en est un certain nombre qui habitent le même pays que lui, qui parlent la même langue que lui, qui sont régis par les mêmes lois, qui se rangent sous le même drapeau.

À tous ceux-là l'enfant se sent attaché, non pas sans doute comme il l'est à son père, à sa mère, à ses frères : il ne les connaîtra pas tous, mais qu'importe? Il sait que, d'avance, il pense et il sent comme eux. Il a les mêmes traditions, les mêmes espérances. Il a la même volonté d'améliorer toujours l'héritage des ancêtres. Il rêve de faire la France plus belle, plus juste et plus heureuse.

L'enfant français aime sa patrie de tout son cœur.

Cela veut-il dire qu'il va détester ou mépriser les autres patries?

Comment ne trouverait-il pas naturel, au contraire, que chaque enfant né dans une autre contrée aime sa patrie comme lui-même aime la sienne?

RÉSUMÉ

1. La patrie est un territoire constitué et fécondé par l'effort des ancêtres. Tous les habitants de ce pays sont soumis aux mêmes lois.

2. L'homme aime sa patrie, comme l'enfant aime sa mère.

3. Servir sa patrie, c'est servir l'humanité au poste où la naissance nous a mis. (LAVISSE.)

4. Chacun peut, chacun doit aimer sa patrie sans détester celles des autres.

QUESTIONNAIRE

La patrie est-elle seulement un territoire?

Quels sont nos devoirs envers la patrie?

Comment pouvons-nous montrer notre amour de la patrie?

L'amour de la patrie entraîne-t-il la haine ou le mépris des autres patries?

LECTURES

La patrie

Il y a une famille plus nombreuse que la nôtre, qui se compose de sept personnes, une famille comme la nôtre pourtant, où l'on se connaît, où l'on s'aime, où l'on est joyeux quand on est vainqueur, où l'on pleure quand on est vaincu, où l'on est fier quand quelqu'un a fait quelque chose de bien, où l'on est honteux quand il a fait quelque chose de mal. Cette famille habite un pays qui s'étend depuis la mer jusqu'à telle montagne, tel fleuve. Si la moindre partie est blessée, tout souffre, comme toi, quand tu te piques ou que tu te coupes un bout du doigt. C'est partout un seul corps, une seule âme, et le pays a beau être très grand, couvrir des milliers de lieues, si l'ennemi en enlève un morceau, on y étouffe.

Cela, mon cher Jean, c'est la grande famille, c'est la patrie.

Tu auras peut-être un jour à te battre pour elle; mais, si elle ne te le demande pas, tu auras toujours à travailler pour elle, à faire de toi un bon ouvrier, un bon citoyen, un Français qui fasse honneur à la France...

Vois-tu, mon enfant, il y a des sots partout. Ils se croient supérieurs, en tout, à tous les autres peuples; ils s'imaginent qu'ils n'ont plus qu'à s'admirer et à se faire admirer. Pendant qu'ils font la roue, les autres peuples travaillent; et, un beau jour, c'est leur tour d'être les premiers.

Quand on aime bien son pays, il ne suffit pas de chanter du matin jusqu'au soir qu'il est le premier de tous : il faut sans cesse travailler pour qu'il mérite de l'être.

Ernest Bersot. (Conseils d'enseignement.)
Hachette, éditeur.

Qu'est-ce qu'une nation?

Une nation est une âme, un principe spirituel. Deux choses — qui, à vrai dire, n'en font qu'une — constituent cette âme, ce principe spirituel. L'une est dans le passé, l'autre dans le présent. L'une est la possession en commun d'un riche legs de souvenirs; l'autre est le consentement actuel, le désir de vivre ensemble, la volonté de faire valoir l'héritage qu'on a reçu indivis.

L'homme ne s'improvise pas. La nation, comme l'individu, est l'aboutissant d'un long passé d'efforts, de sacrifices et de dévouements. Le culte des ancêtres est de tous le plus légitime : les ancêtres nous ont faits ce que nous sommes. Un passé héroïque, des grands hommes, de la gloire (j'entends de la véritable), voilà le capital social sur lequel on assied une idée nationale.

Avoir des gloires communes dans le passé, une volonté commune dans le présent, avoir fait de grandes choses ensemble, vouloir en faire encore : voilà les conditions essentielles pour être un peuple. On aime en proportion des sacrifices qu'on a consentis, des maux qu'on a soufferts. On aime la maison qu'on a bâtie et qu'on transmet. Le chant spartiate (1) : « Nous sommes ce que vous fûtes, nous serons ce que vous êtes » est dans sa simplicité l'hymne abrégé de toute patrie.

E. Renan. (Discours et Conférences.)
Calmann-Lévy, éditeur.

1. Chant de la jeunesse de Sparte, ville du Péloponèse, longtemps rivale d'Athènes.

L'amour de la patrie.

L'amour de la patrie est, lui aussi, un sentiment naturel. C'est à bon droit que l'on compare la patrie à une mère, puisqu'elle nous donne l'existence individuelle. Elle nous élève avec sollicitude et amour; car les institutions au milieu desquelles nous grandissons, les beaux exemples que nous trouvons devant nous, ne sont autre chose que les fruits de l'amour qu'elle a inspiré à nos devanciers pour leurs descendants. Tout homme à l'âme un peu élevée travaille pour l'avenir : c'est que la patrie vit en lui et aime d'avance ceux qui sont à naître. Il est banal de remarquer que nous nous sentons destitués d'une partie de nous-mêmes quand nous sommes privés de notre patrie. La remarque est banale parce qu'elle est vraie. Quiconque laisse la nature agir en lui, sent qu'il appartient à sa patrie comme le membre au corps, et qu'elle est en lui-même plus que le moi superficiel auquel est bornée sa conscience distincte, parce qu'en elle il a l'être, le mouvement et la vie.

BOUTROUX. (Le devoir militaire.)
Chapelot, éditeur.

Le patriotisme.

Le patriotisme, pour être vraiment une vertu morale, a besoin d'être réglé par le sentiment de la justice et celui de l'humanité; car il est volontiers étroit, jaloux, exclusif, injuste, barbare. Il est alors un vice plutôt qu'une vertu. Contre ce vice, il faut se rappeler cette parole attribuée à Socrate, lequel ne manquait pourtant pas de patriotisme : « Je ne suis pas seulement citoyen d'Athènes, mais du monde »; ou ce passage de Montesquieu, qui représente si justement la hiérarchie de nos devoirs envers la famille, la patrie et l'humanité : « *Si je savais quelque chose qui me fût utile et qui fût préjudiciable à ma famille, je le rejetterais de mon esprit. Si je savais quelque chose qui fût utile à ma famille et qui ne le fût pas à ma patrie, je chercherais à l'oublier. Si je savais quelque chose qui fût utile à ma patrie et qui fût préjudiciable à l'Europe et au genre humain, je le regarderais comme un crime.» Ainsi réglé, le patriotisme est une noble et salutaire vertu.* —

J. BARNI. (La Morale dans la démocratie.)
F. Alcan, éditeur.

La patrie et tous ses aspects.

La patrie, mes amis, ce n'est pas seulement votre plaine ou votre coteau, la flèche de votre clocher ou la cime de vos arbres, ou les chansons monotones de vos pâtres! La patrie, c'est la Picardie pour les habitants de la Provence; c'est la Bretagne pour les montagnards du Jura; c'est tout ce que notre vieille France contient de pays et de citoyens dans les vastes limites du Rhin, des Pyrénées et de l'Océan! La patrie, c'est ce qui parle notre langue, c'est ce qui fait battre nos cœurs, c'est l'unité de notre territoire et de notre indépendance, c'est la gloire de nos pères, c'est la communauté du nom français, c'est la grandeur de la liberté! La patrie, c'est l'azur de notre ciel, c'est le doux soleil qui nous éclaire, les beaux fleuves qui nous arrosent, les forêts qui nous ombragent et les terres fertiles qui s'étendent sous nos pas! La Patrie, c'est tous nos concitoyens grands ou petits, riches ou pauvres !

La patrie, c'est la nation que vous devez aimer, honorer, servir et défendre de toutes les facultés de votre intelligence, de toutes les forces de votre bras, de toute l'énergie et de tout l'amour de votre âme.

CORMENIN. (Entretiens de village.)

Les deux patriotismes.

Il y a deux patriotismes. Il y en a un qui se compose de toutes les haines, de tous les préjugés, de toutes les grossières antipathies que les peuples nourrissent les uns contre les autres. Je déteste bien, je méprise bien, je hais bien les nations rivales et voisines de la mienne; donc je suis bien patriote! Voilà l'axiome brutal de certains hommes d'aujourd'hui. Vous voyez que ce patriotisme coûte peu : il suffit d'ignorer, d'injurier et de haïr.

Il en est un autre qui se compose au contraire de toutes les vérités, de toutes les facultés, de tous les droits que les peuples ont en commun, et qui, en chérissant avant tout sa propre patrie, laisse déborder ses sympathies au delà des races, des langues, des frontières.... Ce fut celui des hommes de 89, celui de nos pères.... Oui, nos pères de 89 nous montrèrent, en 92, comment ceux qui osaient aimer les hommes savaient mourir pour leur patrie.

> LAMARTINE. (*Discours sur l'abolition de l'esclavage,*
> *10 mars 1842.*) Hachette, éditeur.

MAXIMES DE LA SEMAINE

181. *Il faut que la patrie soit sentie dans l'école.* (MICHELET.)

182. *Le citoyen seul a une patrie : l'esclave, le serf, le sujet d'un roi absolu n'a qu'un pays natal.* (FRANCK.)

183. *Il faut que la notion du devoir social soit aussi familière à tous que la table de multiplication.* (HORACE MASSON.)

184. *Lorsque, parlant de la chose publique, chacun dit : « Que m'importe? », la chose publique est perdue.* (MONTESQUIEU.)

185. *Respecte les lois de ton pays! Ne fais jamais rien qui déshonore ton pays!*

TRENTE-SIXIÈME LEÇON

Veux-tu remplir tes devoirs envers la patrie?

I. — Obéissance aux lois

Vous avez une patrie. Vous n'êtes plus un individu isolé, perdu dans le vaste monde. Vous êtes membre d'une grande famille, citoyen d'une nation.

Allez-vous maintenant dire : « Voilà qui va bien. La nation me rendra des services, me protégera, me procurera toute sorte d'avantages dont je profiterai largement. Et c'est tout. Ma nation est là pour me servir; moi, je n'ai rien à faire pour elle. »

Ce bas égoïsme vous répugne, je le vois. Vous ne comprenez pas un pareil langage : il vous révolte.

Vous avez donc découvert du premier coup, sans effort et sans hésitation, que tout homme a des devoirs envers sa patrie. C'est ce qu'on appelle les *devoirs du citoyen* ou les *devoirs civiques*.

Citez-moi les devoirs civiques que vous connaissez.

(Il est probable que les enfants répondront avant tout : le devoir militaire. C'est le cri du cœur de tous les Français, surtout au lendemain de la terrible guerre qui les a tous réunis dans un même élan de dévouement.)

Oui, sans doute, avant tout, il faut défendre son pays. C'est le devoir suprême, le plus haut degré de dévoûment que l'homme puisse atteindre. Mais avant d'en arriver là, il y a des degrés inférieurs, des devoirs plus simples, plus ordinaires et plus faciles. Commençons par ceux-là.

Le premier et le plus élémentaire de tous les devoirs civiques, c'est *l'obéissance à la loi*.

Mais, qu'est-ce que la loi? Autrefois, la loi c'était la volonté du maître, l'ordre absolu du roi. Le roi pouvait dire : « L'État, c'est moi. » Depuis que nous sommes devenus un peuple libre, nous avons le droit et le devoir de dire : « L'État, c'est nous. »

Un peuple libre, c'est celui qui n'a qu'un souverain : la nation. Et la nation fait connaître sa volonté par la loi. La loi n'est pas autre chose que l'expression de la volonté générale des citoyens d'un pays.

S'il s'agissait seulement de quelques centaines ou de quelques milliers de citoyens, il suffirait de les réunir dans une vaste salle ou dans une grande plaine pour qu'ils fissent connaître leur volonté. Mais, comme une nation contient des millions de citoyens et comme ces citoyens sont répartis sur des contrées que séparent des centaines de kilomètres, il n'y a pas moyen de les faire délibérer tous ensemble.

Alors, qu'a-t-on fait? — On a imaginé de désigner un citoyen sur dix mille, par exemple, pour représenter ces dix mille. Ils le choisiront eux-mêmes : il sera leur élu, leur mandataire, leur porte-parole, leur chargé de pouvoir. Ainsi, une assemblée de cinq cents *élus* pourra traduire la pensée et la volonté de cinq millions d'*électeurs*.

C'est ce qu'on appelle le régime *représentatif* ou encore le régime *parlementaire* (le Parlement est la représentation nationale). On dit aussi : le régime *constitutionnel*, c'est-à-dire établi par une Constitution, qui est la loi des lois, celle qui pose les grands principes de la vie de la nation.

C'est la Constitution qui décide, par exemple, s'il y aura une seule Chambre de représentants du peuple, ou deux, comme chez nous : la Chambre des députés et le Sénat. Le Parlement, composé de ces deux Chambres, vote toutes les lois, depuis les lois générales réunies dans les Codes (Code civil, Code pénal, etc.), jusqu'aux lois particulières et à celles qui fixent chaque année le montant des impôts.

Vous allez peut-être me dire : c'est la même chose, obéir à une loi ou obéir à un roi, c'est toujours obéir.

Il y a une grande différence. Obéir à un maître, roi ou seigneur quelconque, c'est s'incliner devant la force; c'est, pour le citoyen, céder son droit à un homme qui peut en faire ce qu'il voudra, le supprimer, l'anéantir, ne tenir compte que de son bon plaisir.

Obéir à la loi, c'est s'incliner devant la décision qui est celle de l'unanimité ou de la majorité des représentants librement choisis par la nation. C'est se soumettre à la volonté nationale, en d'autres termes à la justice. Quoi de plus juste que de se soumettre à l'avis de tous ou à l'avis du plus grand nombre?

Mais tel d'entre vous ne se range pas à cet avis du plus grand nombre. Il a une opinion différente. Eh bien! Il l'a fait connaître, il a voté, il a été battu. Une très grande majorité est acquise à l'autre manière de voir. Il lui est permis d'espérer qu'un jour ou l'autre on lui donnera raison, mais en attendant, il est dans la minorité, il doit se soumettre à la majorité. Autrement il n'y aurait jamais ni ordre, ni paix possible. A chaque instant, la société serait troublée et bouleversée par des révoltes interminables : la force ou la ruse menaceraient sans cesse de se disputer les armes à la main, et nous ne sortirions pas de l'état de guerre perpétuelle qui paralyserait toute la civilisation.

Règle de conduite pour tout citoyen, membre d'un peuple libre : obéissance à la loi, respect à la majorité.

Il faut donc souscrire sans réserve à cette parole de la Constitution : « *Il n'y a pas en France d'autorité supérieure à celle de la loi.* »

« Alors, si quelqu'un à côté de moi viole la loi, vais-je le laisser faire impunément? Voici un de mes concitoyens qui, au lieu de se soumettre aux lois qu'il connaît bien, passe outre et s'en moque. Ou bien il s'est approprié un objet qui m'appartenait, ou il m'a nui par une fraude, une calomnie, une concurrence déloyale, ou il se dérobe à une obligation qui va retomber sur moi. Mais cela ne se passera pas ainsi. Je vais me faire justice à moi-même, le châtier comme il le mérite, le forcer à respecter la loi. »

Non, mes enfants, non, il ne faut pas se faire justice à soi-même : il faut s'adresser à ceux que la loi a établis pour faire exécuter la loi. Il y a une police, des justices de paix, des conseils d'arbitrage, des magistrats, des tribunaux à qui tout le monde peut avoir recours. Eussiez-vous cent fois raison, vous vous mettez dans votre tort si vous prétendez vous défendre ou vous venger par vos propres moyens.

Mais une autre question se pose.

Les hommes ne sont pas parfaits. Ils peuvent se tromper. Supposez que pour une raison quelconque, ignorance, erreur, passion, un Parlement ait voté une loi mauvaise, par exemple violant la liberté d'un groupe de citoyens. Que faire ? Ma conscience proteste, je trouve cette mesure inique. Faut-il donc que je me taise et que je subisse des actes injustes ?

Non, il ne faut pas vous taire. Vous avez le droit et le moyen d'en appeler à l'opinion publique, de lui démontrer l'iniquité de telle mesure, de parler, d'écrire, de publier des articles, des mémoires, de convoquer des réunions, de recueillir des signatures, de faire voter une autre loi, de faire nommer d'autres députés. Rien de tout cela ne vous est interdit ; tâchez d'éclairer vos concitoyens et de leur faire partager votre conviction. Dans toutes les sociétés, le progrès s'est fait ainsi : une minorité, parfois un homme tout seul finit par faire comprendre à la majorité de la nation qu'elle avait tort, et il l'amène à faire des réformes nécessaires. Ce n'est pas désobéir aux lois que de travailler à les améliorer sans cesse.

Mais nous avons encore d'autres devoirs civiques à mentionner avant d'en venir au devoir militaire.

RÉSUMÉ

1. Tout citoyen faisant partie d'un peuple libre a des devoirs envers la patrie.

2. Le premier devoir civique est l'obéissance à la loi, expression de la volonté générale d'une nation.

3. Nul ne doit se faire justice à lui-même.

4. Tout en se soumettant aux lois de son pays, tout citoyen a le droit de s'efforcer de faire réformer celles qu'il juge mauvaises et injustes.

LECTURE

Pour servir la France.

Oui, c'est à te servir que nous devenons meilleurs, ô France ! car tu nous proposes dès le jeune âge l'idéal le plus beau, le plus grand, le plus saint que la pensée humaine puisse concevoir, et tu mets le plus humble à même d'être, par son travail, utile et bon.

Oui, c'est en concourant à ton œuvre que nous devenons

des personnes libres, ô France ! Par ta glorieuse histoire, tu nous as affranchis de toutes les servitudes ; et, par la vie morale, tu nous fais rois et prêtres, maîtres de nous-mêmes dans notre conduite et dans notre conscience.

Et c'est pourquoi, ô France ! nous te célébrons avec amour, te consacrant, dans notre tâche de chaque jour, notre vie, notre cœur, notre esprit, notre être tout entier que nous tenons de toi et dont tu sais tirer des forces, des vertus, des talents, pour ta fonction dans l'humanité.

Heureux ceux qui peuvent contribuer puissamment à accroître tes ressources, tes lumières, ta force et rendre ton concours efficace dans la civilisation : ceux-là ont droit au respect et à la reconnaissance de leurs concitoyens. Mais tu as besoin, ô Patrie, du travail du plus faible de tes enfants pour remplir ta fonction, et à cause de cela aussi je t'aime, trouvant ma joie à être quelque chose dans ta perfection.

Ma force est de me sentir dépendant de toi, car celui qui s'isole ne sait plus que faire de sa vie et tout son travail est vain. Tu m'as donné une tâche à remplir, et c'est dans la mesure où je m'en acquitte que je suis quelqu'un et que je vaux quelque chose.

Franck d'Arvert (FRANK LE SAVOUREUX).
Institution nationale. (Léopold Cerf, éd.)

MAXIMES DE LA SEMAINE

186. *Le gouvernement républicain a pour objet de diminuer sans cesse l'ignorance, l'égoïsme et la violence.* (LÉON BOURGEOIS.)

187. *La vertu politique, c'est l'amour des lois et l'amour de la patrie.* (MONTESQUIEU.)

188. *La loi est l'expression de la volonté générale de la nation.*

189. *Le but de la loi est de réaliser, au moins en partie, l'ordre moral.* (MONTESQUIEU.)

190. *Nous sommes tous esclaves des lois, afin de pouvoir vivre libres.* (CICÉRON.)

TRENTE-SEPTIÈME LEÇON

Connais-tu les devoirs du citoyen?

Le premier devoir du citoyen, c'est l'obéissance aux lois de son pays. — Voyons quelques-uns des autres devoirs que tout citoyen doit remplir.

II. — Contribution aux impôts

Tout citoyen doit payer les impôts.

Impôts! Voilà un mot qui sonne désagréablement aux oreilles. Et pourtant...

Essayez, par un effort d'imagination, de vous représenter ce que serait votre village s'il n'appartenait pas à un État organisé et civilisé.

D'abord, supprimez la route nationale et les autres qui vous font communiquer avec le pays tout entier : le moindre voyage sera toute une affaire, chacun se fraiera des chemins (et quels chemins!) à travers champs. Supprimez, bien entendu, les chemins de fer, les télégraphes, les canaux. Si, par hasard, il vous manque quelque chose pour votre alimentation, par exemple, il ne faut plus songer à rien faire venir de loin; et si, au contraire, vous avez en surabondance des récoltes, des fruits, des produits quelconques, impossible de les expédier à de grandes distances. Ce sera de la richesse qui périra sur place. Et puis, supprimez l'armée nationale, supprimez la gendarmerie : invasions de l'ennemi, attaque des malfaiteurs, violence du fort sur le faible ne trouveront plus une force toujours prête à les réprimer. Supprimez encore école, mairie, justice de paix..

Vous me dites : « Non, non, il ne faut pas supprimer tout cela, il ne faut pas redevenir des sauvages ».

Très bien, mais savez-vous ce que tout cela coûte? Il y faut chaque année des centaines et des centaines de millions de francs. Où les trouver?

Comment suffire à de si énormes dépenses? Il n'y a qu'un seul moyen, inutile d'en chercher d'autres; c'est que chacun y *contribue* suivant ses ressources.

Comprenez-vous maintenant pourquoi on parle de la *feuille de contribution*?

Oh! je sais bien qu'on en parle rarement avec allégresse. De tout temps, le *contribuable* a trouvé ses charges trop lourdes. Autrefois, ces charges étaient énormes. L'impôt était fixé par le bon plaisir du Roi. Il pesait inégalement sur les Français, écrasant surtout les classes les plus pauvres.

Mais, depuis la Révolution de 1789, la charge des dépenses publiques porte sur tous les Français. Et la troisième République a fait de nouveaux efforts pour répartir cette charge encore plus équitablement, de telle sorte que personne ne paie plus que ce qu'il peut et ce qu'il doit supporter.

Que chacun paie ainsi sa part de la somme immense qu'exige la vie de la nation, trouvez-vous que ce soit injuste? Et pourtant, mes enfants, vous entendrez dire parfois : « Voler l'État, ce n'est pas voler. » Et sous ce prétexte, on cherche trop souvent à frauder, à dissimuler, à ne pas payer tout ce que l'on doit. Que répondrez-vous?

(Laisser les enfants dire librement leur pensée : c'est le seul moyen de rectifier leurs jugements erronés, par exemple, leur parti pris d'indulgence pour les petits délits de fraude, de contrebande, de fausse déclaration; ou encore leur raisonnement : ces « quelques sous » ne sont rien pour l'État et sont beaucoup pour celui qui les soustrait à l'impôt.)

Voler l'État, c'est voler tout le monde. Si tu ne mets pas dans la bourse commune la somme que tu dois verser, il faut que les autres l'y mettent.

Voler l'État, c'est se déshonorer d'abord par un mensonge, ensuite par un abus de confiance envers ses concitoyens. Un honnête homme ne profite pas de ce qu'on ne le voit pas pour s'en aller à la dérobée sans payer son dîner, comptant sur les autres pour le payer à sa place.

Alors, dites-vous, qu'on tâche au moins de diminuer les impôts. — Soit, mais il faudra diminuer les services publics que les impôts servent à payer.

Si l'on ne distribuait plus les lettres, on ferait l'économie du facteur. Si on n'entretenait plus les routes, on ferait l'économie des ingénieurs, des cantonniers, etc. Acceptez-vous de ne plus recevoir aucune correspondance? Acceptez-vous de circuler sur des routes qui vont s'effondrer ?

Toutes les dépenses municipales, départementales, nationales, sont faites pour tous, tous doivent donc y contribuer. La feuille de contribution représente la part de chaque citoyen dans les dépenses faites par la nation, pour la nation.

D'année en année, des progrès se font pour que la répartition des charges soit de plus en plus équitable. Vous apprendrez plus tard ce que c'est que l'impôt sur le revenu, c'est-à-dire l'impôt proportionnel à la fortune de chacun. D'ailleurs ceux qui se croient injustement taxés ont le droit de réclamer; leurs plaintes sont examinées et, si elles sont reconnues exactes, on leur donne raison. Ainsi le veut la République.

III. — DEVOIR DE VOTER

Un autre devoir civique dans un pays de suffrage universel, c'est de voter et de bien voter.

Qu'est-ce que voter? C'est désigner le représentant qu'on a choisi pour prendre place dans l'assemblée qui exercera l'autorité souveraine.

Qu'est-ce que bien voter? C'est choisir le représentant que l'on croit le plus apte à remplir ce mandat.

Quand vous serez électeurs, devrez-vous choisir celui qui vous aura promis comme récompense de votre suffrage un avantage quelconque, je ne dis pas seulement une somme d'argent (vous rougiriez d'avoir vendu votre voix!) mais une protection, une faveur, la chance d'obtenir quelque emploi pour vous ou pour quelqu'un des vôtres? Je remarque que vous dites tous résolument : non.

Devrez-vous préférer celui qui vous fera le plus beau discours, celui qui vous flattera le plus agréablement, celui qui sera prêt à prendre tous les engagements sans savoir comment il les tiendra? Non, encore. J'espère que vous vous en souviendrez en temps utile, dans quelques années.

IV. — INSTRUCTION OBLIGATOIRE

Enfin, qui de vous me citera une loi qui, celle-là, vous touche de près et qui a trait à un autre devoir civique, le dernier dont nous parlerons?

Vous ne l'avez pas vue affichée à la porte de la mairie ? C'est la loi sur l'instruction obligatoire qui existe en France depuis 1882.

Que veulent dire ces mots : obligation scolaire ?

La loi dit : « L'instruction primaire est obligatoire pour les enfants des deux sexes, de six ans révolus à treize ans révolus. » Pourquoi cette prescription légale ? Dans tous les pays, on a pris des mesures semblables, parce que, partout, on a reconnu que la nation en a besoin. Il faut que tous les citoyens sachent lire, écrire et compter afin de n'être pas dans la dépendance d'autrui, même pour faire leurs affaires. Il faut, de plus, qu'ils aient l'habitude de l'attention, de la réflexion, du jugement, pour pouvoir examiner sérieusement par eux-mêmes les questions intéressant le pays.

Tout cela ne s'acquiert pas en un jour. Et c'est à cet apprentissage que sont consacrées vos années d'enfance et d'adolescence. Vos parents comprennent très bien la nécessité de cet apprentissage. Et si, parfois, ils sont obligés de renoncer aux petits services que vous pourriez rendre dans le ménage, aux champs, dans le jardin, ils sentent parfaitement que c'est votre intérêt et l'intérêt du pays qui l'exigent. Ils se conforment donc à la loi, non seulement parce que c'est la loi, mais par amour pour vous et par amour pour leur pays ; double raison qui les aide à bien remplir, là comme ailleurs, leur devoir civique.

RÉSUMÉ

1. C'est un devoir civique d'acquitter loyalement les contributions qui servent à couvrir les dépenses nécessaires à la nation.

2. C'est un devoir civique de faire acte de citoyen dans un pays de suffrage universel, en votant suivant sa conscience, pour que les affaires publiques soient confiées aux plus dignes et aux plus capables.

3. C'est un devoir civique d'assurer aux enfants l'instruction primaire obligatoire, afin qu'ils soient un jour en état de bien servir la patrie.

QUESTIONNAIRE

Que signifie le mot contributions?

Un honnête homme se sent-il plus libre de voler l'État que de voler un particulier?

Expliquez que voler l'État, c'est voler tout le monde.

Qu'est-ce que le suffrage universel?

Qu'est-ce que bien voter et mal voter?

Doit-on voter d'après son intérêt personnel?

Pourquoi les parents sont-ils tenus d'envoyer leurs enfants à l'école?

Pourquoi les enfants sont-ils tenus de fréquenter régulièrement l'école?

Après treize ans, l'enfant n'a-t-il plus rien à apprendre?

MAXIMES DE LA SEMAINE

191. Payer les impôts, ce n'est pas seulement une obligation légale, c'est un devoir de conscience. (FRANCK.)

192. Aucun impôt ne peut être perçu s'il n'est voté par le Parlement.

193. Un homme qui a de l'instruction est plus homme que s'il n'en avait pas. (BERSOT.)

194. Tout être humain qui vient au monde a un droit absolu à l'éducation. (LABOULAYE.)

195. Il faut enseigner les mots par les pensées et les pensées par le cœur et par la vie. (LE P. GIRARD.)

TRENTE-HUITIÈME LEÇON

Sais-tu ce que c'est que le devoir militaire et le drapeau national?

V. — LE DEVOIR MILITAIRE

Nous arrivons au plus grand des devoirs envers la patrie. C'est le devoir militaire.

Autrefois il a pu être nécessaire de donner aux écoliers bien des explications pour leur faire comprendre l'obligation du service militaire. Mais aujourd'hui il n'y a pas un petit Français qui ne sache qu'il doit donner dans sa jeunesse un temps fixé par la loi pour servir la patrie comme soldat.

Jadis tous les Français n'étaient pas tenus d'être soldats. Et ceux qui l'étaient devaient passer plusieurs années au régiment. Longtemps le service militaire fut de sept ans. Depuis il a été successivement ramené à cinq ans, à trois, à deux ans; il est aujourd'hui de dix-huit mois. Mais c'est la totalité des citoyens français valides qui sont tenus de fournir le service militaire depuis 20 ans jusqu'à 48, dans l'armée active, puis dans la réserve. Les réservistes sont encore des soldats; dans la dernière guerre, ils se sont montrés capables de tous les héroïsmes.

Au premier signal de la mobilisation, tout Français doit répondre avec une exactitude non seulement militaire, mais patriotique. Je ne vous parle pas du crime que commettrait l'homme qui, par peur ou par quelque autre bas motif d'intérêt, voudrait se soustraire à ce que la langue populaire appelle du motif expressif : l'impôt du sang. Je ne vous parle pas de l'insoumis qui se cache ou quitte le pays où il ne pourra plus entrer, du mutilé volontaire qui se rend incapable de manier le fusil et de s'en servir, de celui qui, par une fraude quelconque, parvient à se faire exempter. Vous les méprisez, vous comprenez que la loi les frappe sans pitié.

Mais est-il suffisant de se laisser enrôler et d'aller de bon cœur prendre sa place dans l'armée nationale?

Non. Il faut, sans doute que le soldat apprenne à faire

l'exercice, comme ses chefs le lui prescriront. Mais ce n'est pas assez. Il faut qu'il acquière toutes les qualités d'un soldat et d'un bon soldat.

La guerre aujourd'hui n'est plus ce qu'elle était jadis. Aujourd'hui — vous le savez par vos pères et par vos frères aînés — le soldat doit à chaque instant penser par lui-même, agir à lui tout seul. Qu'il s'agisse de creuser rapidement un trou, de profiter du moindre abri pour se protéger, de s'élancer à la baïonnette, ou d'aller jeter des grenades, qu'il faille s'ingénier pour surprendre l'ennemi ou pour éviter d'être surpris, se diriger en pleine nuit noire, partout et toujours, seul ou avec des camarades, à la tranchée, dans les marches, dans les corvées, le troupier français, comme on dit familièrement, est « débrouillard » : en face d'une difficulté imprévue, il ne perd pas la tête, il ne reste pas inerte en attendant des secours qui ne peuvent pas venir, il fait de de son mieux pour se tirer d'affaire à force de sang-froid, de présence d'esprit et de courage. Il a le mot pour rire, qui l'aide et qui aide ses compagnons à tout supporter gaiement : la gaîté est la moitié de la vaillance.

Un bon soldat travaille non seulement de toute la force de son corps, mais aussi de toutes les forces de son intelligence, de son cœur, de sa volonté. Il s'entraîne à tout ce qui peut augmenter sa vigueur; il écarte tout ce qui pourrait la compromettre.

Aujourd'hui le soldat sait que la discipline est la condition absolue de la victoire. Qui ne sait pas obéir n'a pas compris ce que c'est qu'une armée. Il est impossible que chaque soldat connaisse la raison secrète des ordres qui lui sont donnés. Il n'a qu'à les exécuter à l'instant même. C'est l'affaire des chefs qui commandent de savoir donner des ordres; c'est l'affaire du soldat d'y obéir immédiatement.

Il se peut que le chef dise à un soldat : « Tu vois cette petite butte, ce fossé, cette route, cette motte de terre. Tu vas rester là et défendre ce poste, quoi qu'il arrive. » Le soldat comprend. Il restera là. Il se battra. Il tiendra bon. Il se peut qu'il soit tué, mais il ne reculera pas. Voilà ce qui se passe couramment, sans que personne pense à s'en étonner. Quoi! donner sa vie pour si peu : pour quelques mètres de terrain, pour un tas de pierres, pour un rien! Le soldat ne fait pas ce raisonnement, il en fait un autre : il sait qu'à lui comme à chacun de ses camarades, un tout petit espace est confié. Que chacun défende le sien héroïquement, et la France est sauvée, la France est victorieuse. Elle serait perdue si chacun s'avisait de penser à soi et songeait tout bas à lâcher pied.

Mais, la bataille finie, que va faire le soldat français? Supposez qu'il entre dans une ville ou dans un village : va-t-il tout détruire, tout brûler? Va-t-il fusiller les non-combattants? Va-t-il traiter brutalement les blessés, les vieillards, les femmes, les enfants? Une telle pensée vous fait horreur. C'est une des parties du devoir militaire d'être généreux, pitoyable et humain envers les vaincus. Un blessé, un prisonnier, un citoyen sans armes n'est plus un ennemi : c'est un homme qu'on traite en homme.

Vous connaissez le drapeau national, ce symbole de la Patrie. Vous savez que pour le soldat et le marin, le drapeau c'est la France même. Il a lu sur le drapeau tricolore ces deux mots : « Honneur, Patrie. » « Honneur! » c'est plus que le devoir, c'est le dévouement absolu à l'idéal de tout bon Français. « Patrie », c'est plus que le devoir, c'est le cri du cœur, c'est l'élan du fils vers sa mère.

Quelle est la troupe qui ait besoin qu'on lui explique que se laisser prendre le drapeau par l'ennemi, c'est le déshonneur suprême?

Et le drapeau n'est-il qu'un symbole militaire? Non, il est en tout temps le symbole de la France.

Il nous rappelle que nous ne sommes pas une poussière d'individus disséminés, chacun enfermé dans ses affaires et ne pensant qu'à soi. Nous sommes une grande famille dont tous les membres se doivent, les uns aux autres, amour, aide et dévouement. Dans la paix comme dans la guerre, le drapeau national flotte au-dessus de tout. Que ce soit dans les fêtes publiques ou dans les jours de détresse, que ce soit à l'école, à la mairie, à l'église, au temple, à la synagogue, aux lieux divers de réunions publiques ou aux fenêtres de nos maisons ou dans l'intérieur de nos demeures, partout le drapeau signifie : union des Français pour aimer la France avant tout, pour l'honorer par leur conduite, pour la servir par leurs actes, pour la faire toujours plus belle.

F. BUISSON. — *Leçons de Morale.*   7

Comprenez-vous maintenant mes enfants, pourquoi s'est établie la coutume touchante de saluer le drapeau quand le régiment passe, drapeau en tête?

Si quelqu'un, en vous voyant ôter votre casquette et regarder respectueusement le régiment qui passe, demandait : « Qui donc saluez-vous? » vous pourriez répondre tout haut : « Je salue le drapeau. » Et tout bas, vous pourrez vous dire : « Je salue la France, ma mère; je salue l'armée, je salue la nation; je salue les morts et les vivants, ceux qui ont fait la patrie telle qu'elle est et ceux qui vont, à leur tour, lutter, souffrir et, s'il le faut, mourir pour elle. Il faudrait être sans cœur pour regarder le drapeau et ne rien voir ou rien sentir de tout cela. »

RÉSUMÉ

1. Le devoir militaire comprend : l'obéissance aux lois et règlements de l'armée, ainsi qu'aux officiers chargés de les faire appliquer.

2. Le devoir militaire ne peut s'accomplir qu'au moyen de la discipline.

3. Le devoir militaire va jusqu'au sacrifice de la vie pour le salut de la patrie.

4. La patrie doit une reconnaissance éternelle à ceux qui, pour elle, ont donné leur vie.

5. Le drapeau tricolore est le symbole de la Patrie dans la paix comme dans la guerre.

6. Aux soldats, le drapeau rappelle leurs devoirs, et il inspire les résolutions héroïques.

Aux civils, le drapeau rappelle l'unité nationale; il leur inspire le respect des lois de leur pays.

7. A tous les Français, il fait sentir le devoir de s'unir pour bien servir la France.

QUESTIONNAIRE

Qu'exige le devoir militaire de tous les Français valides?

Que doit faire le soldat pour satisfaire pleinement au devoir militaire? à la mobilisation? en campagne?

Qu'est-ce que la discipline militaire?

Jusqu'où doit aller le dévouement pour la patrie?

Après la bataille, envers les non-combattants ou les vaincus désarmés, que prescrit le devoir militaire?

La France pourra-t-elle jamais oublier ceux à qui elle doit son salut?

Qu'est-ce qu'un drapeau?

Quel est le drapeau national français?

De quoi le drapeau est-il le symbole? Pour les soldats en guerre? Pour tous les citoyens?

Expliquez les deux mots inscrits sur le drapeau.

Que devez-vous faire au passage d'un régiment?

MAXIMES DE LA SEMAINE

196. *La guerre est l'acte par lequel un peuple résiste à l'injustice au prix de son sang.* (LACORDAIRE.)

197. *Les peuples, plus éclairés, apprendront peu à peu à regarder la guerre comme le pire des fléaux, comme le plus grand des crimes.* (CONDORCET.)

198. *Le citoyen a une patrie; le serf, le sujet d'un roi absolu n'a qu'un pays natal.* (A. FRANCK.)

199. *Une nation est une âme.* (RENAN.)

200. *C'est à bon droit que l'on compare la Patrie à une mère: elle nous donne l'existence sociale, comme notre mère nous a donné l'existence individuelle.* (BOUTROUX.)

TRENTE-NEUVIÈME LEÇON

Vive la France!

Connaissez-vous un pays où la nature et l'histoire ont, depuis de longs siècles, réuni la plus grande diversité de climats et de races, de productions et de travaux?

Est-ce une contrée du Nord, ou une terre du Midi? Ni l'un, ni l'autre, ou plutôt l'un et l'autre. Ni pays continental, ni pays maritime : baigné de trois mers il fait corps avec le continent. Ni pays de montagnes, ni pays de plaines; mais il a les plus hautes montagnes et les plus vastes plaines.

Est-ce la demeure d'une seule race? Non. La race primitive avait reçu l'empreinte de la grande civilisation romaine. Puis, quand l'empire romain s'écroula, elle eut sa part de l'invasion des peuples nouveaux venus du Nord et de l'Est, et tous finirent par se fondre dans la masse commune.

Connaissez-vous un pays qui a été le premier, en Europe, à faire son unité nationale après des siècles de guerres contre l'étranger, et de guerres civiles plus terribles encore?

Connaissez-vous un pays qui, ayant, comme tous les autres, traversé une longue période d'anarchie, puis subi le pouvoir absolu d'une monarchie sans contrepoids, finit par proclamer les *droits de l'homme* et la *souveraineté de la nation?*

Vous m'interrompez... vous ne pouvez plus contenir votre impatience. Oui, vous l'avez reconnue, votre France, et je ne veux pas vous empêcher de le crier de tout votre cœur.

Mais maintenant, continuons. Regardons-y de plus près,

Qu'est-ce qu'elle enseigne, cette France, à tous ses enfants?

Leur dit-elle : « Je suis la France, et il faut que le monde se courbe devant moi. Je suis la France, et je prétends être au-dessus de tout. Ma puissance, ma grandeur, ma richesse, ma force me donne le droit d'imposer ma volonté aux autres. Ils n'ont qu'à obéir, et je n'ai qu'à commander »?

Vous dit-elle : « Je suis votre patrie, aimez-moi et écrasez toutes les autres patries, si elles prétendent, elles aussi, être aimées par leurs enfants? » — Non, la France ne dit pas cela.

La France, de tout temps, même aux temps barbares, aux temps des guerres féodales de château à château, de village à village, avait conçu un idéal qui dépassait la barbarie environnante. Elle avait imaginé de mettre, même dans la guerre, un je ne sais quoi d'infiniment noble qui en couvrait les horreurs. Elle avait adopté des règles d'humanité, de délicatesse, de loyauté, d'honneur et de pitié qui s'appliquèrent d'abord entre Français, puis entre tous les chrétiens. Ainsi naquit la chevalerie.

Et, aujourd'hui encore, le mot « chevaleresque » désigne ces qualités auxquelles on reconnaissait les « preux » de France, c'est-à-dire non pas seulement des braves, mais des hommes incapables d'abuser de leur force.

C'est ainsi que la France, dès ces âges lointains, s'est fait connaître au monde comme personnifiant en quelque sorte, la foi au droit. On l'appelait le soldat de Dieu, c'est-à-dire le soldat de la justice absolue, car elle mettait la justice au-dessus d'elle et le respect des lois divines de la conscience au-dessus de la force des armes.

Et lorsque, parvenue enfin au régime de la démocratie républicaine, elle trouva dans l'Europe tout autour d'elle les vieilles monarchies coalisées, ce n'est pas pour elle seule, pour la défense de son territoire qu'elle prit les armes : ce fut pour la liberté de tous.

Comme toutes les nations, la nôtre a eu ses égarements, ses erreurs et ses fautes. Mais, en dépit de toutes les défaillances dont l'humanité n'est jamais exempte, elle est restée aux yeux du monde le pays où jamais l'idée du droit n'a disparu devant le souci de l'intérêt.

Sa devise, au lieu d'être une proclamation d'orgueil et de menace aux autres, est la plus humaine, la plus belle et la plus douce qu'aucune nation ait adoptée. Elle contient trois mots qui sont trois promesses, trois appels à la dignité de l'homme et de la nation : *Liberté, égalité, fraternité.* Y a-t-il, dans la langue des hommes, trois mots plus doux au cœur ?

Voilà de quelle nation vous êtes les enfants. Soyez dignes de votre mère !

Au moyen âge, quand l'enfant devenu un jeune homme avait fait son apprentissage de soldat et d'homme d'honneur, au moment de l'armer chevalier, un vieux chef, en lui mettant son armure, le frappait du plat de l'épée et, devant la foule assemblée, lui disait, pour tout discours : « *sois preux !* »

C'est encore avec ce mot du vieux français que vous salue la France d'aujourd'hui.

Sois preux, c'est-à-dire brave avant tout, prêt à mourir pour ta patrie, prêt à tous les dévouements.

Sois preux, c'est-à-dire loyal et généreux, aussi incapable de lâcheté dans la paix que dans la guerre, en paroles qu'en actes, dans les petites choses que dans les grandes.

Sois preux, c'est-à-dire sois un Français, un vrai, un bon, un fidèle, un Français de France qui sait à quoi l'obligent son nom et son pays.

Dans ce pays, il n'y a plus d'esclaves, il n'y a plus de serfs, il n'y a plus de seigneurs et de privilégiés : il n'y a plus que des hommes libres, frères d'armes et frères de cœur.

Tu as assisté, tout enfant, au plus grand des spectacles qui ait été donné au monde. Tu as vu ton père et tes frères, qui croyaient à la paix, parce qu'ils croyaient à la justice, soudainement réveillés par la plus formidable agression. Tu les as vus improviser tous ensemble la défense nationale. C'est la nation armée qui a sauvé la France et ses institutions. Autour de la France se sont groupés des peuples qui, eux non plus, ne voulaient pas se laisser anéantir par le militarisme. Et les alliés se sont battus non pour le triomphe du plus fort, mais pour la liberté de tous. C'est la France qui a supporté le principal assaut de l'Allemagne : une fois de plus, elle a versé son sang à flots pour une cause sainte ; une fois de plus, elle aura été la servante du droit et la libératrice des nations. — Enfant de la France, jeune homme ou jeune fille, souviens-toi !

Et, la guerre finie, la paix conclue, qu'est-ce que la France a voulu ? Qu'est-ce qu'elle a fait ?

Elle a signé avec les autres peuples un pacte, c'est-à-dire un contrat, qui forme la première partie du Traité de Versailles (28 juin 1919) et qui établit la Société des Nations.

Qu'est-ce que cette Société des Nations ?

C'est l'alliance de tous les peuples décidés à ne plus régler les conflits entre eux par la guerre, mais bien par l'arbitrage. Il faut qu'il y ait un juge pour les nations, comme pour les individus.

L'arbitrage n'est pas plus impossible entre les nations qu'entre les individus. Il ne faut que le vouloir.

La guerre tranchait les difficultés par la force. On les tranchera désormais par la justice, aussitôt que la Société des Nations sera organisée sur la terre entière.

Le ministre des Affaires étrangères de France a dit tout récemment à Genève, en saluant l'entrée de l'Allemagne dans la Société des Nations : « Quelle est la signification de ce jour? Cela veut dire : C'est fini, la série des rencontres douloureuses et sanglantes dont toutes les pages de l'Histoire sont tachées dans le passé. Plus de guerre! Plus de solution brutale pour régler nos différends, qui certes n'ont pas disparu. Désormais c'est le juge qui dira le droit comme les individus s'en vont régler leurs différends devant le magistrat, nous aussi nous réglerons les nôtres par des procédés pacifiques. Arrière les fusils, les mitrailleuses, les canons. Place à la conciliation, à l'arbitrage et à la Paix! » (1)

RÉSUMÉ

1. La France est une nation formée de plusieurs races, animée de l'esprit de paix, de justice et de liberté.

2. Elle a supporté d'effroyables sacrifices pour sauver sa liberté et celle des autres peuples.

3. Elle met la force au service de la justice, et non pas la justice au service de la force.

4. Elle représente dans le monde moderne l'idéal d'une société qui proclame la liberté, l'égalité, la fraternité des hommes et des nations.

5. La Société des Nations est la Ligue universelle des nations décidées à remplacer définitivement la guerre par l'arbitrage.

(1) Discours de M. Aristide Briand, à Genève, 10 septembre 1926.

QUESTIONNAIRE

Qu'est-ce qu'une nation?

Qu'est-ce que la France?

Donnez une idée du caractère 1° du pays, 2° de la nation.

Qu'est-ce que la Société des Nations?

Quel but poursuit-elle?

Qu'est-ce que l'arbitrage international?

Est-il possible de remplacer la guerre — c'est-à-dire la force — par la justice, comme moyen de trancher tous les conflits qui peuvent éclater entre les différents peuples?

MAXIMES DE LA SEMAINE

191. *L'humanité aime la France, parce que la France aime l'humanité et la sert.* (E. LAVISSE.)

192. *La France est le pays qui a le plus confondu son intérêt avec celui de l'humanité.* (MICHELET.)

193. *Je tiens de ma patrie un cœur qui la déborde,*

Et plus je suis Français, plus je me sens humain.

(SULLY PRUDHOMME.)

194. *La France veut la liberté des peuples, comme la sienne propre.* (E. LAVISSE.)

195. *Il n'est pas nécessaire de haïr l'étranger pour aimer sa patrie.* (E. LAVISSE.)

QUARANTIÈME LEÇON

Vive la République!

Qui de vous, mes enfants, me dira depuis quand la France est en République?

Depuis le 4 septembre 1870. C'est bien.

Une première fois, la République avait été proclamée en 1792. Elle le fut une seconde fois lors de la révolution du 24 février 1848. Mais pour beaucoup, c'était une idée nouvelle qui les effrayait.

On n'hésita pas à y revenir quand, à la suite de nos terribles défaites de 1870, l'Empire s'effondra, laissant la France envahie, sans défense, en face du danger suprême. Alors le peuple français résolut de se sauver lui-même. Il entreprit de lutter contre l'invasion. Et s'il ne réussit pas à la repousser, car il était trop tard, du moins il sauva l'honneur. Il montra qu'un peuple libre, même vaincu, ne se plie pas aux ordres du vainqueur. Le traité de Francfort nous enleva l'Alsace et une partie de la Lorraine qui ne nous ont été rendues qu'en 1919 par le traité de Versailles. Après plusieurs années d'agitations causées par les entreprises de ceux qui persistaient à vouloir rétablir la monarchie en France, la République fut définitivement votée par l'Assemblée nationale, à une voix de majorité, en 1875.

Depuis lors, la République française n'a cessé de se fortifier.

Maintenant, qui de vous peut me dire ce que c'est qu'une République?

(Laissez parler les enfants, et soyez indulgent pour les réponses qui trahiront leur embarras. Encouragez-les, en approuvant tout ce qui sera juste dans leurs définitions, même incomplètes.)

Voici comment nous pouvons définir une République. C'est un État où la souveraineté n'est pas aux mains d'un roi ou d'un empereur et ne se transmet pas à ses enfants, mais où le peuple se gouverne lui-même. On dit alors que le souverain, c'est la nation.

Mais entendons-nous bien. Il y a des républiques qui ne sont pas le gouvernement du peuple. Venise autrefois, par exemple, était une république, mais aux mains d'une dizaine de personnages qui étaient les maîtres et imposaient leur autorité au peuple. La République française est une république *démocratique*. On appelle *démocratie* [1] l'organisation sociale qui donne tout le pouvoir au peuple.

Cela veut dire qu'un peuple en démocratie est celui où tout le monde fait la loi, où chacun n'obéit qu'à ses propres caprices? Non pas.

De même qu'il a fallu recourir au régime représentatif, c'est-à-dire convenir qu'un certain nombre d'élus seraient chargés de représenter le peuple tout entier, de même la liberté de chacun n'est possible que si elle respecte la liberté de tous. La liberté est limitée par la loi, et le gouvernement de la démocratie est déterminé par un ensemble de règles suprêmes qu'on appelle la *Constitution*.

On appelle *pays libre* tout pays qui a une constitution. La constitution établit trois pouvoirs distincts : *législatif, exécutif, judiciaire.*

1. Chez nous, d'après la constitution de 1875, le *pouvoir législatif* est exercé, c'est-à-dire les lois sont votées par deux Chambres (qui forment le *Parlement*), savoir :

La *Chambre des Députés*, élue au suffrage universel, c'est-à-dire par tous les citoyens âgés de 21 ans jouissant de leurs droits civiques;

Et le *Sénat*, élu au suffrage restreint (surtout par les délégués des conseils municipaux).

2. Les lois votées, il faut veiller à leur exécution. Ce rôle (*pouvoir exécutif*) appartient d'abord au *Président de la République* nommé pour sept ans, ensuite aux *ministres* qu'il choisit et qui sont responsables devant le Parlement; enfin aux *fonctionnaires* dépendant des ministres et composant toutes les administrations publiques.

3. Le *pouvoir judiciaire* est celui qui fait appliquer les lois, c'est-à-dire qui décide comment elles doivent s'appliquer à tous les citoyens. En cas de contestation, ce sont les organes du pouvoir judiciaire, c'est-à-dire les *magistrats* de divers

---

1. De deux mots grecs : *démo* signifie *peuple*, *cratie* signifie *pouvoir*.

ordres (depuis les juges de paix jusqu'aux tribunaux de première instance, aux Cours d'appel et à la Cour de cassation) qui rendent la justice, en d'autres termes qui déterminent le droit de chacun d'après la loi. Bien entendu, ni les législateurs, ni le Gouvernement n'ont le droit de s'immiscer dans les décisions du pouvoir judiciaire.

Telle est, sommairement, l'organisation des pouvoirs publics dans la République française.

Cette organisation est-elle parfaite? N'y a-t-il pas toujours de nouveaux progrès à accomplir? Ne devons-nous pas perfectionner tous les mécanismes politiques pour que la République réalise de mieux en mieux le programme que lui a donné, dès 1789, la Déclaration des Droits de l'Homme, en proclamant que tous les hommes naissent et demeurent « libres et égaux en droits »?

Notre République ne recule jamais devant les progrès nécessaires. Elle doit valoir mieux demain qu'aujourd'hui. C'est précisément pourquoi il importe que tous les bons citoyens s'intéressent au développement des institutions républicaines et démocratiques. Il n'y a pas de république sans républicains. Si chacun ne s'occupe que de ses intérêts particuliers et des avantages matériels qu'il peut avoir en vue, la République n'est plus que l'ombre d'elle-même. Elle ne vit pas, elle ne grandit pas. Et une République sans progrès n'est plus une République digne de la France.

Vous aurez plus tard, mes enfants, à servir cette République. Préparez-vous à la bien servir. Et pour cela, préparez-vous à être de braves et honnêtes gens : c'est le meilleur moyen d'être aussi de vrais républicains français !

RÉSUMÉ

1. La République démocratique est un État où la souveraineté est entre les mains du peuple.

2. En France, le pouvoir législatif est exercé par la Chambre des députés et le Sénat, le pouvoir exécutif par le président de la République et les ministres, le pouvoir judiciaire par les tribunaux.

3. La République doit réaliser la devise : *Liberté, égalité, fraternité.*

QUESTIONNAIRE

Qu'appelle-t-on une Constitution?
Qu'est-ce qu'une république démocratique?
Comment le peuple exerce-t-il sa souveraineté?
Le triomphe de l'intérêt particulier est-il compatible avec la République?

LECTURE

Qu'est-ce que la République?

Dans notre France moderne, qu'est-ce donc que la République? C'est un grand acte de confiance.

Instituer la République, c'est proclamer que des millions d'hommes sauront tracer eux-mêmes la règle commune de leur action; qu'ils sauront concilier la liberté et la loi, le mouvement et l'ordre; qu'ils sauront se combattre sans se déchirer; que leurs divisions n'iront pas jusqu'à une fureur chronique de guerre civile, et qu'ils ne chercheront jamais dans une dictature, même passagère, une trêve funeste et un lâche repos...

La République est un grand acte de confiance, et c'est un grand acte d'audace. L'invention en était si audacieuse, si paradoxale que même les hommes hardis qui, il y a cent dix ans, ont révolutionné le monde, en écartèrent d'abord l'idée. Les constituants de 1789 et de 1791, même les législateurs de 1792 croyaient que la monarchie traditionnelle était l'enveloppe nécessaire de la société nouvelle. Ils ne renoncèrent à cet abri que sous les coups répétés de la trahison royale. Et, quand enfin ils eurent déraciné la royauté, la République leur apparut moins comme un système prédestiné que comme le seul moyen de combler le vide laissé par la monarchie. Bientôt cependant, et après quelques heures d'étonnement et presque d'inquiétude, ils l'adoptèrent de toute leur pensée et de tout leur cœur. Ils résumèrent, ils confondirent en elle toute la Révolution. Et ils ne cherchèrent point à se donner le change. Ils ne cherchèrent point à se rassurer par l'exemple des républiques antiques ou des républiques helvétiques et italiennes.

Ils virent bien qu'ils créaient une œuvre nouvelle et sans précédent. Ce n'était point l'oligarchique liberté des républiques de la Grèce, morcelées, minuscules et appuyées sur le travail servile. Ce n'était point le privilège superbe de la république romaine, haute citadelle d'où une aristocratie conquérante dominait le monde, communiquant avec lui par une hiérarchie de droits incomplets et décroissants, qui descendait jusqu'au néant du droit, par un escalier aux marches toujours plus dégradées et plus sombres, qui se perdait enfin dans l'abjection de l'esclavage, limite obscure de la vie touchant à la nuit souterraine. Ce n'était pas le patriciat marchand de Venise et de Gênes.

Non, c'était la République d'un grand peuple où il n'y avait que des citoyens et où tous les citoyens étaient égaux. C'était la République de la démocratie et du suffrage universel. C'était une nouveauté magnifique et émouvante.

Jean Jaurès. (Discours à la jeunesse.)
Riéder, édit.

MAXIMES DE LA SEMAINE

196. *Membre d'une nation, ma fonction est de coopérer volontairement à son œuvre excellente dans la civilisation humaine.* (Frank Le Savoureux.)

197. *C'est dans le gouvernement républicain que l'on a besoin de toute la puissance de l'éducation.* (Montesquieu.)

198. *Un républicain est toujours plus attaché à sa patrie qu'un sujet à la sienne.* (Voltaire.)

199. *Tout vrai républicain suça, avec le lait de sa mère, l'amour de sa patrie, c'est-à-dire des lois et de la liberté.* (J.-J. Rousseau.)

200. *Aimer la France c'est aimer la République.*

TABLE DES MATIÈRES

93387. — Imprimerie Larousse, 9, rue de Fleurus, Paris. — 1926.